W0329569

Hallo Kasperle!

urania

Birgit Schmidkonz

Hallo Kasperle!

Lustige Kasperlestücke für einen Spieler

Bei Urania erschienen:

Heike Brock/
Peter Wilhelm
Neues von Kasperle und seinen Freunden
9 lustige Kasperlestücke
ISBN 978-3-332-01443-3

Ulrich Steen
Tolle Spiele für Kindergeburtstage
von 4 bis 10 Jahren
ISBN 978-3-7831-6147-2

Thomas Wieke
Rätselreime für Kinder von 4 bis 10 Jahren
ISBN 978-3-332-01971-1

Hanna Verena Zemme
Lustige Spiele rund ums Jahr
für Kinder von 4 bis 12 Jahren
ISBN 978-3-332-01947-6

Die im Buch veröffentlichten Ratschläge wurden von der Verfasserin sorgfältig erarbeitet und geprüft. Eine Garantie kann dennoch nicht übernommen werden, ebenso ist eine Haftung der Verfasserin bzw. des Verlages und seiner Beauftragten für Personen-, Sach- und Vermögensschäden ausgeschlossen.

Bibliografische Information der Deutschen Bibliothek
Die Deutsche Bibliothek verzeichnet diese Publikation in der Deutschen Nationalbibliografie; detaillierte bibliografische Daten sind im Internet über http://dnb.ddb.de abrufbar.

Postfach 80 06 69, 70506 Stuttgart

www.urania-verlag.de

Umschlaggestaltung: Behrend & Buchholz, Hamburg
Titelfoto: Sandra Seckinger/zefa/Corbis
Produktion und Redaktion: no:vum, Susanne Noll, Leinfelden-Echterdingen
Satz: Rund ums Buch – Rudi Kern, Kirchheim/Teck
Druck: Westermann Druck Zwickau
Printed in Germany

ISBN 978-3-7831-6121-2

Inhalt

Mein Weg zu Kasperle und Co.

Wie ich zum Kasperletheaterspielen gekommen bin? – Durch meine Kinder.

Wenn eine Mutter sagt: „Tu dies nicht, mach jenes", nimmt ihr Kind es oft nicht mit der gewünschten Aufmerksamkeit auf. Wenn aber der Kasperle oder das Teufelchen erklärt, was im Moment zu tun ist, wird das meist mit großem Interesse verfolgt.

Mit dem Versuch, meinem Sohn mit Hilfe des Teufelchens das lästige tägliche Zähneputzen zu versüßen, hatte ich sehr großen Erfolg. Teufelchen fasste die Bürste fest in die Hand und sauste turboschnell durch die Zahnlandschaft, polierte, bis es sich endlich darin spiegeln konnte. Und schon klappte die Mundhygiene ohne Protest. Wir hatten sogar einen riesigen Spaß dabei. Dann kamen die Geburtstage meiner Söhne und sie wünschten sich den Kasperle dazu. Sie äußerten Wünsche in Hinblick auf Handlung oder Spielfiguren und waren deshalb maßgeblich am Inhalt des Stückes beteiligt. Wir malten zusammen den jeweiligen Hintergrund mit Wasserfarben oder klebten Kollagen aus Bildern. Die fehlenden Wunschfiguren sowie die Requisiten bastelten wir aus Pappmaschee, Stoff oder aus gewöhnlichen Haushaltsmaterialien.

Irgendwann stand dann der Text fest, die Spielfiguren und Requisiten waren gebastelt und nun kam endlich das erste Probespiel an die Reihe, von denen noch so manche folgten. Ich legte mir die Figuren und Requisiten in der Spielreihenfolge zurecht, um beim Spiel unnötiges Suchen zu vermeiden. Den Text hängte ich mir, natürlich unsichtbar für die Zuschauer, ins Kasperletheater. Ich stellte bald fest, dass es das Spiel bremste, wenn ich viele verschiedene Kulissen verwendete. Ein Kulissenwechsel bringt Pausen mit sich und schafft Unruhe unter den Kindern. Es ist besser, neutrale, einfache Hintergründe durchgehend zu verwenden. Ich gewöhnte mir an, langsam zu sprechen. Die Kinder sollten mich ja verstehen. Um die Spielfiguren halbwegs naturgetreu auftreten zu lassen, befasste ich mich mit ihrer Gestik. Wild umherzuhüpfen ist nicht wirklich ausdrucksstark! So schlug die erschrockene Prinzessin beide Hände über dem Kopf zusammen und taumelte etwas zurück. Der betrübte, besorgte Kobold ließ schwer den Kopf hängen, die weinende Hexe vergrub ihren Kopf in ihren Händen und zuckte beim Schluchzen. Wenn Kasperle von unten erschien, irritierte das die Kinder. Infolgedessen bemühte ich mich, alle herkömmlichen Figuren von der Seite auftreten zu lassen. Hexe, Teufelchen, Zauberer und Kobolde durften aber immer noch aus dem Untergrund auftauchen.

Und: Je stärker ich die Kinder miteinbezog, desto mehr Spaß hatten sie bei der Aufführung, da sie ja selber aktiv am Spiel beteiligt waren. Das Feedback war einfach unbeschreiblich, auch wenn nicht immer alles perfekt gelaufen ist. Der Räuber erschien beispielsweise, die Kinder aber brüllten nach dem Polizisten oder Kasperle oder wer ihnen gerade einfiel. Das Spiel war für sie lebendig, real geworden. Sie waren mittendrin, ein Teil davon.

Also: Haben Sie keine Angst vor Spontaneität und Improvisation! Durch die Fähigkeit, etwas Ungeplantes geschehen zu lassen, entsteht eine noch glaubwürdigere Geschichte und noch mehr

Spannung bei Jung und Alt. Zwar setzt beides ein gewisses Maß an Fantasie voraus, doch für den „ungeübten Spieler“ kann das ja vielleicht auch ein spannender Schritt in eine bislang unbekannte Welt sein. Dabei kann und darf hier alles passieren. Nur eins ist sehr wichtig: Das Spielgeschehen muss für die Kinder immer lösbar sein, es darf keine Probleme ohne Lösung geben.

Diese Zeit ist für mich unvergesslich. Ich tauchte gemeinsam mit meinen Kindern und deren Freunden in die Fantasiewelt von Kasperle und seinen Freunden ein und erweckte einfache Puppen für eine Weile zum Leben.

Genießen auch Sie die gemeinsame Zeit mit den Kindern und Kasperle! Viel Spaß beim Spielen und Improvisieren wünscht Ihnen

Birgit Schmidkonz

Kasperle und der Kristall

Der Kasperle hat noch kein Geburtstagsgeschenk für die liebe Waldfee Lavendellicht. Deshalb bittet er die Eule um Rat und die hat eine tolle Idee für ein Geschenk. Auf der Suche danach erlebt Kasperle einige aufregende Abenteuer.

Hintergrund-Bild
Wald oder Wiese mit nach unten verlaufendem See

Spielfiguren
Kasperle; Eule; Waldfee Lavendellicht; Wassergeist; Krokodil

Requisiten
Pappmascheeboot (nach unten offen, damit der Kasperle im Boot agieren kann); Sausebrause (irgendein Tütchen); Zaubernetz (z. B. Obstnetz); Wassergeist-Stab (Stock, an dem oben ein schöner Stein befestigt ist); Kristall (schöner Stein); Seifenblasen; Zuckerstangen oder Ähnliches

Kasperle braucht eine Geschenkidee

(Vorhang geschlossen)

Kasperle •• *(aus dem Off zum Publikum)* Hallo Kinder, seid ihr alle da? Ja, ich bin auch da, nur ist der Vorhang immer noch zu! Helft mir bitte einmal mit einem kräftigen „Hau-ruck", ihn zu öffnen. *(Kasperle öffnet im Hau-ruck-Takt den Vorhang.)* Danke schön.

Wisst ihr was? Unsere liebe kleine Waldfee Lavendellicht hat heute Geburtstag. Und ich, ich habe einfach kein Geschenk für sie. Es soll nämlich etwas ganz Besonderes sein. Aber mir fällt einfach nichts Passendes ein. *(zu sich selbst)* Hmmm, vielleicht meine Kasperlemütze? Aber, das ist halt eine Kasperlemütze, die gehört zum Kasperle, sonst wär's ja eine Feen-Mütze! Nein, die also nicht. Hmmm, oder vielleicht Würschtel? Aber ich weiß nicht, ob Feen überhaupt Würschtel essen. Nein, das ist auch nicht das Richtige. *(zum Publikum)* Kinder, was könnten wir unserer Waldfee denn schenken? Was meint ihr? Es sollte schon etwas sein, das sie sich nicht zaubern kann, und etwas, was sie ganz doll freut. Etwas Wunderschönes. *(Eule tritt auf.)*

Eule •• *(ruft wie eine Eule und gurrt)* Uhu. Hallo Kasperle, was überlegst du so angestrengt? Uhu, du siehst ganz verzweifelt aus, uhu.

Kasperle •• Ach, hallo Eulchen! Ja, ich bin auch verzweifelt. Heute hat doch unsere kleine Fee Lavendellicht Geburtstag. Ich möchte sie mit einem gaaanz besonderen Geschenk überraschen. Aber ... mir fällt einfach nichts ein! Ach, Eulchen, hast du vielleicht eine Idee, worüber sich Lavendellicht freuen könnte?

Eule •• *(überlegt)* Uhu, hmmm, ja, also, uhu. Ich wüsste schon etwas, uhu, aber das zu holen, ist zu schwierig. Nein, Kasperle, das ist zu schwierig, uhu, nein, nein, nein ...

Kasperle •• Was ist denn so schmierig? Rutsche ich da aus oder vielleicht davon?

Eule •• Kasperle, nein, doch nicht schmierig, uhu, ich sagte schwierig. Ich meinte gefährlich.

Kasperle •• Was, ehrlich? Ich bin doch ehrlich, aber was meinst du mit schmierig, ... äh, nein, ich wollte sagen, ... schwierig?

Eule •• *(erklärt)* Uhu, ach hör zu, drüben im Zauberland, da wächst ein Kristall. Er ist wunderschön. Er wächst immer bei Vollmond, eine Nacht und einen Tag lang, uhu. Doch wenn er nicht mit einem Zauberspruch gepflückt wird, zerfällt er in kleine Einzelteile. Uhu, uhu. Heute Nacht war Vollmond. Wenn du ihn wirklich holen willst, solltest du dich beeilen, uhu.

Kasperle •• *(aufgeregt)* Oh, ein Kristall! Ich glaube, das wäre genau das Richtige für Lavendellicht. Genau! Eulchen, das ist eine prima Idee! Wie komme ich denn in den Zauberwald? Und was ist dabei so ehrlich, ... ähm, ... nein, gefährlich?

Eule •• *(warnend)* Uhu, oh Kasperle, sei vorsichtig, uhu! Fahre behutsam über den verwunschenen Teich. Hierüber erzählt man sich eine Menge geheimnisvoller Geschichten. Gib gut Acht, wenn du über den Teich fährst. Dort soll ein Wassergeist sein Unwesen treiben. Er soll furchtbar heulen und ganz garstig sein. Also, pass auf! Wenn du dann heil am anderen Ufer angelangt bist, beeil dich, uhu! Denn hier wohnt ein hungriges, nimmersattes Krokodil. Uhu, husche an dem ganz schnell vorbei, sonst schnappt es dich zur Brotzeit. Hinter der Wiese mit den bunten Blumen, ganz hinten, da wächst der Kristall. Du sagst folgenden Zauberspruch, uhu, hör genau zu:
Ein Kristall so hell und klar,
leuchtest gar so wunderbar,

funkelst in dem Sonnenlicht,
bitte, bitte, brich mir nicht.
Während du diesen Spruch sagst, kannst du den Kristall pflücken. Uhu, aber vergiss den Spruch nicht! Sonst zerfällt dir der Kristall noch auf dem Heimweg, uhu, und deine Reise war umsonst.

Kasperle •• Na, das hört sich ja aufregend an! Dabei könnten mir die Kinder aber helfen. *(zum Publikum)* Kinder, macht ihr das bitte, ja?
(Kinder antworten.)

Kasperle •• Oh, prima. Dann können wir auch schon fast los. *(zur Eule)* Eulchen, wie ging der Pflück-Spruch noch einmal?
Ein Kuhstall gar so grell und schwar ...

Eule •• Uhu, ach Kasperle, so wird das nichts, uhu. Pass auf:
Ein Kristall so hell und klar ...

Kasperle •• Genau!
... leuchtest gar so wunderbar,
funkelst in dem Sonnenlicht,
bitte, bitte, brich mir nicht.
(überlegend zu sich selbst) Hoffentlich weiß ich ihn nachher noch,
... ein Kristall so hell und klar ...

Eule •• Uhu, Kasperle, viel Glück und sei vorsichtig! Doch halt, das hätte ich fast vergessen: Hinter der Fischerhütte ist so ein altes Ruderboot. Das leihst du dir kurz aus. Aber vergiss nicht, das Boot fährt nur mit Sausebrause! Und ein Zaubernetz liegt auch darin, es kann dir vielleicht gute Dienste leisten.

Kasperle •• Was ist mit der Lausepause, Eulchen? Soll ich vorher noch eine kleine Brotzeit machen, um mich für mein neues Abenteuer zu stärken? Das ist eine gute Idee! Und was ist mit dem Räuberfetz? Was ist das eigentlich?

Eule •• *(geduldig)* Ach, Kasperle, doch nicht Lausepause, sondern die Sausebrause. Und auch kein Räuberfetz, sondern Zaubernetz ... Ach, da hinten kommt schon Lavendellicht. Uhu, ich sehe sie schon. Bis dann Kasperle, viel Glück! *(zu sich selbst)* Ob das wohl gut geht?
(geht ab)

Kasperle •• Ja, haaaalt, wie war das? Ach, weg ist sie. Was meinte sie wohl mit der Brausesause ... und mit dem Zaubernetz?

(Fee tritt auf.)

Kasperle •• *(zum Publikum)* Kinder, ach, da kommt Lavendellicht und ich hab noch immer kein Geschenk für sie. *(nervös zu sich selbst)* Was mach ich denn bloß, was mach ich denn? Hmmm, ich tu einfach so, als wäre gar kein Geburtstag. Genau! Hmmm. *(zur Fee)* Hallo Lavendellicht, ähm, wie geht es dir?

Fee •• Hallo Kasperle, hallo Kinder! Gut geht es mir, und dir?

Kasperle •• Mir? Ähm, ja auch. Ja, ich sause dann los, bis bald ...

(geht schnell ab)

Fee •• Ja, ... haaalt! Was hat denn der Kasperle? Der ist so komisch, ich wollte ihn gerade zu meiner Geburtstagstafel einladen, aber jetzt ist er schon wieder weg! Schade! *(zum Publikum)* Kinder, wollt ihr dann später wenigstens kommen?

(Kinder antworten.)

Fee •• Oh, toll, ich hol euch hier ab, in Ordnung? Jetzt suche ich aber den Kasperle. Wo der so schnell hin wollte? Nichts wie hinterher! Hoffentlich rennt er nicht so schnell, sonst komme ich nicht mit! Warte Kasperle, ach der Kasperle ...

(Rennt von der Bühne, Kasperle kommt zögernd auf die Bühne zurück.)

Kasperle •• *(flüstert)* Kinder, ist sie weg? Ja? Hach, jetzt ist mir richtig heiß geworden, so ohne Geschenk vor der lieben Waldfee! Hilft aber nichts. Ich brause weiter ... also, das Fischerboot hinter der Ruderhütte ..., ähm, nein, der Ruderfischer hinter dem Hüttenboot ... Ach, nein. *(zum Publikum)* Wie heißt es, Kinder?

(Kinder antworten.)

Kasperle •• Genau! Das Ruderboot hinter der Fischerhütte ... Auf geht's.

(singt) Ein Ruderboot, das hol ich mir,
dann bin ich wieder ganz schnell hier,
in das weite Zauberreich
ziehn wir los, ach, sogleich ...

(geht ab)

Kasperle auf großer Fahrt

(Kasperle kommt wieder und ist schon in das Boot geschlüpft, Sausebrause und Zaubernetz liegen auch im Boot. Wassergeist-Stab liegt fürs Publikum unsichtbar griffbereit.)

Kasperle •• So, hier ist das Boot, na dann kann es ja losgehen, ... losgehen, ... losgehen!

(wundert sich, warum das Boot nicht fährt)

Hmm, warum fährt das denn nicht endlich? Ach, natürlich, die Sausebrause! *(Kasper nimmt Sausebrause in die Hand.)* Was mache ich damit? Soll ich die da einmal reinschütten? Ja? Also, hinein mit dem Pulversprudelzeugs. Ja, jetzt tuckert es los!

(wandert mit dem Schiff langsam umher)

Jawohl! Sooo, die Teichmitte haben wir schon erreicht. Mir ist schon etwas unheimlich zumute. *(zum Publikum)* Kinder, seid ihr noch alle da? Ich meine, nur für den Fall ... Oh, hört ihr?

(Gejammer vom Geist aus dem Off)

Kasperle •• Das hört sich ja wild an. Ob das schon der Flaschengeist, ähm, der Wassergeist ist? Ach du Geisterpfütze, der wird mich doch nicht fressen wollen? *(Gejaule und Gejammer aus dem Off)*

Kasperle •• Das hört sich eher nach Verzweiflung an. Da weint doch jemand. Ich schau mal nach und fahr mal hin ...

(Kasperle fährt mit Boot in eine Ecke, dort hockt der Wassergeist traurig und weint.)

Kasperle •• Ja, was ist dir denn über die Leber gelaufen, dass du gar so furchterbar jammerst? Wer bist denn du eigentlich? Du siehst ja ganz grün aus, ist dir schlecht? Also, ich bin der Kasperle.

Geist •• *(schnieft)* Ich bin der Wassergeist *(blubbert wie ein Flaschenkorken)* Gluckgluck. *(weint)* Uhuhuhuuu ..., und meinen Wasserstab hat es weggespült. Ein furchtbares Gewitter riss mir den Stab aus der Hand und spülte ihn an Land, bevor ich ihn wieder zu fassen bekam. Jetzt ist mein Wasserstab hinter dem Ufer, und ich komme nicht ran. Ich kann das Wasser nicht verlassen. Uhuhuh ..., das ist alles so furchtbar, uhuhhu. Mein schöner Wasserstab, ohne ihn bin ich doch nur ein halber Wassergeist, uhuuuuu ...

Kasperle •• Na, na, ich kann ihn dir doch holen, *(sprudelt zweimal)* Gluckgluck.

Geist •• Das heißt nicht *(sprudelt)* Gluckgluck, sondern *(blubbert)* Gluckgluck.

Kasperle •• Sag ich doch, *(sprudelt)* Gluckgluck.

Geist •• Aber nicht richtig, es hört sich an wie ein feuchter Pups. Es heißt aber *(blubbert)* Gluckgluck.

Kasperle •• Ja, himmeldingsundrumsdibums, ich probier es noch einmal: *(sprudelt)* Gluckgluck.

Geist •• *(zum Publikum)* Kinder, der kann das nicht. Könnt ihr es wenigstens richtig aussprechen? *(Kinder versuchen es.)*

Geist •• Also gut, ich sehe schon, ihr Erdenmenschen beherrscht die flüssige Sprache der Wasserbewohner nicht. *(zum Kasperle)* Also, was wolltest du mir sagen, Kasperle?

Kasperle •• Ja, ähm, was wollte ich? Ach ja, genau, ich komme da vielleicht bestimmt dran. An welchem Ufer war denn das?

Geist •• *(streckt einen Arm aus)* Dort drüben ist mein Stab gelandet. Ich kann den Wasserstein leuchten sehen. Meinst du wirklich, du könntest ihn mir wieder zurückbringen? Ja?

Kasperle •• Warum nicht? Ich versuch es einfach. Warte hier! Tucker, tucker ... *(fährt mit dem Boot weg und spricht weiter)* Hier ist er, ich sehe ihn schon. Jetzt hab ich ihn. *(kommt mit dem Wasserstab zurück)* Hier, das war nicht schwer, er lag gleich da hinten. *(übergibt Geist den Wasserstab)*

Geist •• *(hocherfreut)* Oh, mein Wasserstab, ich hab ihn wieder! Das ist ja blubb, ich freu mich so! Danke, Kasperle! Ist er nicht schön? Weißt du, ich hab ihn erst 200 Jahre. Der ist quasi wie neu.

Kasperle •• Waaaaas, schon 200 Jahre? Wie alt bist denn dann du?

Geist •• Ooch, noch nicht so alt. Ich weiß nicht genau, erst, ungefähr, na, 638 ..., vielleicht auch 649 Jahre.

Kasperle •• Oho, soooo jung noch? Na ja. Aha, ja, alle fürchten dich, dabei bist du ganz in Ordnung. Ich mag dich.

Geist •• Weißt du, vor dem Wasser haben viele Menschen und auch Tiere Angst. Wenn darin noch jemand wohnt, wie ich, der Wassergeist, dann nehmen die meisten einfach Reißaus. Dabei will ich niemandem etwas Böses. Nun ja, manchmal eine kleine Überschwemmung oder hier und da ein paar Wellen ...

Kasperle •• *(unterbricht entsetzt)* Wellen? Aber bitte nicht, solange ich auf See bin! Doch jetzt tuckere ich weiter, den Kristall suchen.

Geist •• Den Kristall? Den seltenen Kristall etwa? Oh, dann hast du ja noch einiges vor, Kasperle. Wenn du einmal Hilfe brauchst, ich bin für dich da. Sing einfach nur ein Lied am Teich, dann hör ich dich und komme.

Kasperle •• Oh, welche Ehre, danke schön, lieber *(sprudelt)* Gluckgluck. Mach's gut!

Geist •• Auf Wiedersehen, Kasperle! Und es heißt *(blubbert)* Gluckgluck. Das musst du noch üben.

(geht ab, evtl. mit Seifenblasen)

Kasperle •• So schlimm war der Wassergeist gar nicht. Er war nur traurig, der Arme. Jetzt müssen wir aber an das Ufer, ... tucker, tucker ... *(fährt mit dem Boot umher)* Schiff ahoi, Land in Sicht! Ach, ich sollte lieber etwas leiser sein. Ich will ja das Krokodil nicht erschrecken. Sonst schnappt es noch nach mir. *(Das Krokodil erscheint hier und dort. Kinder machen Kasperle darauf aufmerksam.)*

Kasperle •• Was am Nil? Ja, da wohnt das Krokodil. *(zum Publikum)* Kinder, meint ihr, ich kann hier anlegen oder ist das eher ungünstig? Was, wo? Nein, hier oder da? *(Kasperle dreht sich um, Krokodil taucht immer wieder auf und verschwindet wieder.)*

Kasperle •• Ja, was jetzt? Wo denn jetzt, links oder rechts, oben oder unten? *(sieht Krokodil und stottert erschreckt)* Huch, ddddda, ddda ist dddas Krokrokrokrokodil. Ddduuu, iiich schmecke aaaber üüüberhaupt ganz grässlich. Ddda wird ddir bestimmt ggganz schlecht! *(zu sich selbst)* Was mach ich bloß? *(zum Publikum)* Da war doch noch was, Kinder? Ja genau, das Zaubernetz ... Horridoooo.

(Krokodil reißt Maul auf, um den Kasperle zu schnappen, der schleudert das Zaubernetz über das Krokodil.)

Kasperle •• *(triumphierend)* Ha, jetzt bist du gefangen! Jetzt erschreckst du mich nicht mehr! Ich hab noch etwas vor! Dich hätten wir überlistet. Ha, reißt dein hungriges Maul nicht mehr auf. So kommt es, wenn man immer gleich den Kasperle fressen will. Hahaha. Husch, husch, weg mit dir ... *(Krokodil knurrt und verschwindet.)*

Kasperle •• Jetzt aber schnell weiter, nicht dass mir der Kristall vorher noch verschwindet. Eulchen hat gesagt, er sei hinter der Wiese. Auf geht's! *(geht singend mitsamt dem Boot ab)*

Ich suche den Kristall,
der ist nicht überall,
auch nicht im Kuuuhstall.
Ich hoffe, dass er nicht zerbricht
und schenk ihn dann Lavendellicht.

Kasperle holt den Kristall

(Kurze Pause. Kristall ist etwas erhöht am Spielfensterrand mit Knete oder Draht festgemacht, Kasperle tritt ohne Boot auf.)

Kasperle •• *(jammernd)* Ach, jetzt bin ich schon sooo lang gelaufen und von dem Kristall keine Spur. Wo der sich wohl versteckt? Vielleicht ist er ja schon zerfallen! *(Kasperle entdeckt den Stein.)*

Oh, wie schön, ... oh, wie wunderschön! *(zum Publikum)* Kinder, das ist er bestimmt, der Kristall. Hoffentlich mach ich jetzt nichts falsch!

(zu sich selbst) Kasperle, konzentriere dich! Was hat Eulchen gesagt, was ich machen soll? Genau, den Spruch, ... äh ..., funkelst auch im Abendlicht ... Nein, der hat anders angefangen. Ach ja, jetzt weiß ich wieder *(ganz angestrengt und feierlich)*

Ein Kristall so hell und klar,
leuchtest gar so wunderbar,
funkelst in dem Sonnenlicht,
bitte, bitte, brich mir nicht.

(Kasperle pflückt den Kristall.)

(zum Publikum) Kinder, ich hab ihn. Ist er nicht zauberhaft? Genau richtig für Lavendellichts Geburtstag. Da wird sie sich bestimmt freuen! Toll! Na, dann mach ich mich wieder auf den Heimweg. Tral-lalalala ... *(geht ab, kommt im Boot wieder, darin ist Sausebrause)*

Kasperle •• *(zum Publikum)* Wenn das Krokodil auftaucht, warnt ihr mich bitte rechtzeitig, Kinder? Nicht, dass es mich doch noch beißt.

(Krokodil taucht wieder kurz auf.)

So, und jetzt geht es wieder mit dem Schiff weiter. *(singt)* Jetzt fahren wir übern See, übern See, jetzt ...

(zu sich selbst) Hm, der Kristall ist so wunderschön, ich sehe ihn mir einfach einmal an. Wie der glitzert und funkelt ...

(Kasperle betrachtet den Kristall. Das Krokodil bringt das Boot zum Schaukeln und der Kristall fällt ins Wasser.)

Kasperle •• *(erschrocken)* Ach herrje, jetzt ist er in den Teich gefallen und untergegangen. Oje, du rasende Schnecke, was mache ich jetzt nur? Ich kann doch nicht nach ihm tauchen. Das Wasser hier ist viel zu tief. Da geht mir doch die Luft aus, bis ich unten bin. Nein, nein ... Aber ich brauche doch den Kristall. So ein Mist! Vielleicht kann uns der Wassergeist helfen. In seinem Reich ist der Kristall jetzt. Wir müssen ihn rufen ... *(ruft laut)* Wassergeist ... *(sprudelt)* Gluckgluck! *(zu sich selbst)* Ach nein, er sagte, ich solle ein Lied singen. Aber welches? *(zum Publikum)* Kinder, kennt ihr ein lustiges kurzes Lied? Würdet ihr bitte für mich singen? Ich bin so aufgeregt.

(Kinder singen, Geist tritt mit Seifenblasen auf.)

Geist •• Oh, welche Ehre, Kasperle. Hallo, Kinder, seid gegrüßt! Was kann meine Wenigkeit für euch tun?

Kasperle •• Hallo, lieber *(sprudelt)* Gluckgluck.

Geist •• Du weißt doch, dass ich *(blubbert)* Gluckgluck heiße und nicht Pups- *(sprudelt)* Gluckgluck. Hast du nicht geübt?

Kasperle •• *(bittend)* Ja, ich bemüh mich ja, aber ich spreche noch immer nicht die Sprache der Wassergeister. Entschuldige! Lieber Geist, mir ist mein Kristall in deinen Teich gefallen. Ich trau mich hier nicht zu tauchen. Deshalb bitte ich dich, kannst du zum Grund schwimmen und ihn suchen? Er ist unser Geburtstagsgeschenk für die kleine Waldfee Lavendellicht. Wenn ich den Kristall nicht mit nach Hause bringe, habe ich nichts für Lavendellicht zum Geburtstag. Und sie ist doch so eine liebe Fee. Bitte, bitte ...

Geist •• Aber ja, das ist doch eine Kleinigkeit für mich. Ich kenne jeden Fisch, der hier schwimmt, und jeden Frosch, der hier quakt. Einer von uns wird den Kristall schon finden. Wie sieht er denn aus? Beschreib ihn mir einmal. Ich hab zwar von ihm gehört, ihn aber nie selber gesehen.

Kasperle •• Er ist einfach, ... er ist, ... er glitzert so glitzerig, ... hmmm, ... er funkelt so funkelig ... *(zum Publikum)* Kinder, helft mir bitte einmal!
(Kinder erklären.)

Kasperle •• Genau! So sieht er aus.

Geist •• Na, dann finden wir ihn auch ganz bestimmt, wenn er so einzigartig ist ... *(taucht ab)*

Kasperle •• Hoffentlich findet er den Kristall, wenn ich nur nicht so untätig hier rumsitzen müsste ... *(zum Publikum)* Meint ihr, der Wassergeist *(sprudelt)* Gluckgluck schafft es? Ach, warum dauert das denn so lange? Ich sehe auch nichts ... Hmmm ...
(Geist kommt mit Seifenblasen und dem Kristall wieder.)

Geist •• Hier ist er, er ist wirklich schön. Das Krokodil war sehr ärgerlich auf dich, weil du es mit dem Zaubernetz überlistet hast. Aus Zorn stieß es das Boot an, und so fiel der Kristall ins Wasser. Doch ich hab ihm von dir erzählt, wie du mir meinen Wasserstab zurückgebracht hast, und jetzt hat sogar das Krokodil Respekt vor dir. Hier bitte schön ...
(übergibt Kristall an Kasperle)

Kasperle •• *(erfreut)* Oh, vielen Dank, lieber Wassergeist! Jetzt bin ich aber froh, ihn wiederzuhaben. Danke schön! Kann ich dich einmal besuchen kommen? Ja? *(kleinlaut)* Ich sing dann auch selber ...

Geist •• Ja, natürlich! Ich würde mich freuen, dich wiederzusehen. Aber auf jetzt, sonst verpasst du noch den Geburtstag von der kleinen Waldfee! Sag ihr bitte schöne Grüße von mir und alles Gute. Aber halt, eins hab ich da noch ...
(geht ab, kommt wieder mit Zuckerstangen)

Geist •• Hier haben schon so viele Fischer ihre Angeln verloren, ... hier, nimm sie alle mit, in meinem Reich haben sie nichts verloren, Tschüß, Kasperle ...

Kasperle •• Oh, so viele Angeln! Danke schön. Ja, mach ich. Tschüß *(blubbert, diesmal korrekt wie ein Sektkorken)* Gluckgluck.

Geist •• Kasperle, du kannst ja meinen Namen richtig aussprechen, sag es noch einmal!

Kasperle •• Ha, ich hab mir auch alle Mühe gegeben. Also mach es gut, *(blubbert)* Gluckgluck.

Geist •• Du auch, Kasperle ...
(geht ab mit Seifenblasen)

Kasperle •• Der liebe Wassergeist. Alle hatten Angst, weil er so gejammert hat. Dabei war nur sein Wasserstab weg. Aber den hat er jetzt ja wieder. Und soo viiele Angelruten ... Was mache ich denn damit?
(Das Boot wackelt etwas wegen des Ungleichgewichts der Zuckerstangen.)

Kasperle •• Oh, mein Boot schaukelt so sehr und kentert gleich ... *(zum Publikum)* Schnell, ein freiwilliger Helfer! Rettet mich, sonst gehe ich unter ...
(Kasperle gibt die Zuckerstangen einem Kind und bittet es darum, die Zuckerstangen nach der Vorstellung an das Publikum zu verteilen.)

Kasperle •• Oh, danke! Ist gerade noch einmal gut gegangen. Dann können wir endlich nach Hause tuckern. *(wundert sich, warum Boot schon wieder nicht fährt)* Hmmm, und warum fährt das Boot jetzt nicht mehr? Was ist nun schon wieder los? Motorschaden? Zündkerzen kaputt? Hmmm, ja, hmmmm ... Vielleicht ist die Sausebrause alle? Schütte ich einfach noch einmal etwas nach. *(schüttet Sausebrause nach)* So ..., ha, jetzt geht's weiter.
(singt nach der Melodie von „Jetzt fahrn wir übern See, übern See")
Der Kasperle fahrt am See, fahrt am See, der Kasperle fahrt am ...
(Kasperle tuckert im Boot davon.)

Kasperle kehrt mit dem Kristall zurück

(Eule tritt auf.)

Eule •• Uhu, ob der Kasperle es wohl geschafft hat, den Kristall zu finden? Uhu, hoffentlich ist ihm nichts zugestoßen ... Ach, wenn ich nur wüsste, ob es ihm gut geht! *(zum Publikum)* Ist mit dem Kasperle alles in Ordnung? Oder hat ihn das Krokodil gefressen, Kinder? *(Kinder erzählen.)*

Eule •• Uhu, aha, dann wird er ja auch bald kommen. *(Kasperle tritt mit dem Kristall auf.)*

Kasperle •• *(stolz)* Hallo Eulchen! Guck, ich habe den Kristall gefunden, hab ihn gepflückt und er ist noch nicht zerfallen. Aber, ein kleines Abenteuer war es schon ...

Eule •• Hallo Kasperle, uhu. Ja, ja, die Kinder haben mir schon alles berichtet.

Kasperle •• Es war nicht einfach, aber schön kribbelig aufregend, nicht wahr, Kinder? *(zum Publikum)* Spaß hatten wir schon dabei ... Jetzt kann unsere kleine Waldfee ihren Geburtstag feiern, wir haben ein schönes Geschenk für sie.

Eule •• Uhu, wir treffen uns gleich drüben im Wald. Beeil dich, Kasperle. Ich flieg schon einmal voraus. *(fliegt davon)*

Kasperle •• Ja, Eulchen, ich komme gleich nach. Ich ruhe mich nur kurz aus. *(zum Publikum)* Das war schon ganz schön spannend, oder, Kinder? Jetzt brauche ich erst einmal ein kleines Päuschen zum Verschnaufen. Wie das Krokodil zugeschnappt hat! Ich hab die Zähne genau gesehen. Mir schlottern jetzt noch die Knie! *(Fee tritt auf.)*

Fee •• Oh, hallo Kasperle, endlich treffe ich dich, ich bin dir eine ganze Weile hinterhergerannt und hab dich gesucht. Aber du warst schneller! Ich wollte dich zu meinem Geburtstagsfest einladen.

Kasperle •• Ja, hallo Lavendellicht! Alles Liebe und Gute zu deinem Geburtstag wünschen wir dir. Hier, die Kinder und ich haben ein Geschenk für dich. Warte mal ..., hier, bitte schön ... *(übergibt den Kristall)*

Fee •• *(ganz gerührt)* Oh, danke schön, Kasperle, danke Kinder! Der ist ja wunderschön! Das ist ja ein echter Kristall, Kasperle, vielen,

vielen Dank! Wo habt ihr den denn gefunden? Das war doch bestimmt nicht einfach, oder?

Kasperle •• Nein, liebe Lavendellicht, einfach war es nicht. Die Kinder waren alle mit dabei und ... Aber das erzähle ich dir gleich auf der Geburtstagsfeier. Ich hab nämlich einen Bärenhunger. Los gehen wir, im Wald warten bestimmt schon alle auf dich.

Fee •• Ja, meinst du? *(zum Publikum)* Kinder, danke schön für euren Beistand und eure Hilfe! Das war sehr lieb von euch.

Kasperle •• *(zum Publikum)* Wir könnten doch alle ein Geburtstagslied für Lavendellicht singen. Oder, Kinder? Ihr habt doch schon beim Wassergeist so wunderschön gesungen. Probieren wir es noch einmal alle zusammen. Welches singen wir?

(kurze Abstimmung, dann singen Kinder und Kasperle ein kleines Geburtstagslied.)

Fee •• *(zum Publikum)* Oh, ihr könnt aber alle wunderbar singen! Danke schön, das ist toll.

(Eule aus dem Off: Uhu, uhu, uhu ...)

Fee •• *(zum Publikum)* Oh, habt ihr gehört? Eulchen hat gerufen. *(zum Kasperle)* Kasperle, wir sollten los, sonst fangen die anderen ohne uns an ... Tschüß, ihr lieben Kinder ... *(geht ab)*

Kasperle •• *(zum Publikum)* Tschüß, Kinder, bis zum nächsten Mal ... Kommt ihr wieder? Ach bitte, helft mir noch, den Vorhang zuzuziehen. Ihr wisst schon, wieder mit einem kräftigen „Hau-ruck“.

(Kinder helfen, Kasperle zieht Vorhang im Hau-ruck-Takt zu.)

Kasperle •• Danke schön, tschüß ... *(Vorhang zu, geht ab)*

Kasperle in den Bergen

Kasperle macht eine Bergtour, um das goldene Gipfelkreuz zu sehen, das immer so schön von unten glitzert. Er steigt den Berg hinauf, doch das Gipfelkreuz steht nicht mehr auf dem Gipfel. Wohin ist es verschwunden?

Hintergrund-Bild
Himmel

Spielfiguren
Kasperle; Murmeltier; Teufel

Requisiten
Berg (aus einer Styropor-Platte zurechtgeschnitten, mit einer Höhle/Loch etwas oberhalb, wird an längeren Seilen oben am Theater befestigt und kann hinuntergelassen werden. Wenn Kasperle den Berg hochklettert, wird er hinuntergelassen. So entsteht der Eindruck, dass Kasperle hochklettert. Auf dem Berggipfel ist fürs Gipfelkreuz ein Loch vorgebohrt.); Wunderkerzen (= Pudelwohl; sind ziemlich weit oben in den Styroporberg hineingesteckt); Rauchkegel; Rucksack; Fotoapparat; goldenes Gipfelkreuz (aus Stöcken gebunden, mit Stanniol-Papier umwickelt); Gummibärchen in Teufelform oder Ähnliches

Kasperle klettert auf den Teufelsberg

(Berg ist oben am Theater aufgehängt, Vorhang ist geöffnet.)

Kasperle •• *(zum Publikum)* Hallo Kinder, da bin ich wieder! Kennt ihr mich noch? Ich bin der Kasperle.
(Kinder antworten.)

Kasperle •• Könnt ihr nicht anständig antworten, wenn euch jemand grüßt? Also, sagt mal „Guten Tag, Kasperle“ zu mir.
(Kinder antworten.)

Kasperle •• Jaaa, sooo ist es schon besser! Sagt mal, Kinder, ist heute ein besonderer Tag, weil ihr alle hier seid?
(Kinder antworten: Ein Kind hat Geburtstag.)

Kasperle •• *(Kasperle zum Geburtstagskind)* Aha, ... ja, *(Name des Geburtstagskindes)*, du hast also Geburtstag? Wie alt bist du dann jetzt?
(Kind antwortet, Kasperle fängt mit Geburtstagskind Gespräch an.)

Kasperle •• Da gratuliere ich dir recht schön! Ich lasse mir etwas ganz Spezielles einfallen. Gehst du gerne in die Berge?
(Kind antwortet.)

Kasperle •• Ja? Hast du auch gutes Schuhwerk?
(Kind antwortet.)

Kasperle •• Super, dann schlage ich vor, dass wir alle zusammen eine Geburtstags-Bergtour machen. Eine Bergtour auf den höchsten Gipfel hier im Kasperletheater, *(flüstert ganz geheimnisvoll)* auf den Teufelsberg. Der heißt so, weil es da ganz oft verteufelt raucht. Und ein goldenes Gipfelkreuz leuchtet auch gaaaaanz oben auf dem Berg! Das will ich mir mit euch ansehen und dann fotografieren. Kommt ihr mit?

(Kinder antworten.)

Kasperle •• Ja? Prima! Aber habt ihr auch genügend Kondition?

(Kinder antworten.)

Kasperle •• Ja, ihr schon, aber die Erwachsenen, die werden ganz schön ins Schwitzen kommen! Oder?

(Kasperle kichert, Erwachsene antworten.)

Kasperle •• Und was brauchen wir denn da so alles? Helft mir einmal! *(immer wieder kurze Pausen für die Vorschläge der Kinder)* ... ein paar Brote vielleicht, eine gescheite Brotzeit, a dicke Wurscht, genau! Und etwas zum Trinken für den Durscht! Was noch? ... Eine Regenjacke, wenn's Wetter umschlägt, jawohl! Vielleicht ein Fernglas, dann kann ich die Gämsen und Murmeltiere beobachten. Ein Taschenmesser, ganz wichtig, ... und einen Fotoapparat, sonst kann ich das goldene Gipfelkreuz ja gar nicht grottofapieren. Das packe ich alles erst einmal in meinen Rucksack, Kinder. Ich komme gleich wieder.

(geht ab, kommt mit Rucksack wieder)

Kasperle •• Sooo, alles hat reingepasst, ... Wurscht, Durscht, ... Taschenmesser, mit dem Fernglas sehe ich besser, ... Regenjacke, Mücken-Mittel, in der Tat, der Fotoapparat. Dann kann es losgehen. *(zum Publikum)* Kinder, seid ihr bereit? „Aufi muaß i!“

(klettert den Berg hoch, indem der Berg heruntergelassen wird)

Kasperle •• Oha, des isch aber steil!! Da brauche ich ganz schön viel Kraft. Hau-ruck! Hach, jetzt verschnaufe ich erst einmal. Da nauf zu kraxeln ist gar nicht so leicht, wie ich dachte! Aber dafür haben wir oben eine himmlische Aussicht! Bis zum Himmel hinauf können wir sehen ... Ihr werdet schon sehen! Und schön ruhig wird es dort sein! *(schaut angestrengt nach oben)* Keine Menschenseele ist oben, ich kann es schon genau erkennen! So, genug verschnauft, weiter geht es.

(Murmeltier tritt auf.)

Kasperle •• *(flüstert)* Huch, was ist denn das? Psst, ganz leise, ein Murmeltier ... *(Murmeltier pfeift und geht wieder ab.)*

Kasperle •• *(zum Publikum)* Habt ihr es auch gesehen? *(zu sich selbst)* Schön ist es hier. *(Kasperle kommt auf die Höhe der Wunderkerzen und bestaunt diese.)* Oh, was wachsen denn hier für komische Blumen? Das ist aber kein Edelweiß! *(zum Publikum)* Kinder, darf ich mir die mitnehmen? Die schauen so lustig aus. Die nehme ich mit. *(sammelt Wunderkerzen ein und steckt sie griffbereit in den Rucksack, wandert weiter, etwas ermüdet)*

Ach, da geht es fei weit nauf ... Hau-ruck, ruck, zuck! ... Ich singe ein Lied, dann fällt es mir leichter:

(singt nach der Melodie von „Das Wandern ist des Müllers Lust")

Das Kraxeln ist des Kasperle's Freud,
den Berg nauf kraxel i i heut,
ja ganz nauf heut.

(zum Publikum) Oh, i seh ihn scho, den Gipfel. Gleich bin ich oben. Drei Hupfer noch. Kinder, zählt mit *(mit den Hüpfern ruckartig, aber dosiert den Berg ganz herunterlassen)*: eins, ... zwei, ... drei. Geeeschafft! So, das Gipfelkreuz ist da, *(sucht herum)* ... da nicht. *(blickt sich weiter suchend um)* Hmm, da auch nicht ... Ja sapralott, jetzt setze ich mich erst einmal hin und genieße die himmlische Aussicht. Ja, bis zum Himmel nauf sehe ich *(schaut nach oben)*, und bis zu euch Kindern runter sehe ich auch. Prima, und diese Ruhe ... Pssst, still, sonst könnt ihr die Ruhe ja überhaupt nicht hören!

Der Teufel und das Gipfelkreuz

(Teufel erscheint von unten mit viel Rauch vom Rauchkegel!)

Teufel •• *(verärgert)* Pfui Spinne, was machst du denn hier oben auf meinem Berg?

Kasperle •• Hoppla, hast du mich aber erschreckt! Oh, du bist ja ganz rot im Gesicht. Bist wohl zu schnell raufgekraxelt, dass dir so heiß ist? Wer bist jezat du?

Teufel •• Tja, das ist mein Geheimnis! Mein Name ist teuflisch heiß und glühend kokelnd!

Kasperle •• Auweia, da bekomme ich höchstens noch dicke Brandblasen um meinen Mund, wenn ich den ausspreche. *(nuschelnd)* Und da spreche ich immer so undeutlich, dann versteht mich keiner mehr. Das gefällt mir gar nicht. *(spricht wieder normal)* Dann will ich es, glaube ich, gar nicht so genau wissen. Aber sag, was hast du für schlimme Beulen auf deinem Kopf? *(zeigt auf die Hörner vom Teufel)* Hast dich ganz böse angehauen, gell?

Teufel •• Das sind doch keine Beulen, das sind Hörner, du Witzbold.

Kasperle •• Ich bin kein Witzbold, sondern der Kasperle. Und warum hast du Hörner? Bist du etwa ein roter Stier?

Teufel •• Ein Stier? Dann wäre ich nicht hier!

Kasperle •• Vielleicht ein schneidiger strammer Steinbock?

Teufel •• Ich trag doch kein haariges Fell am Rock.

Kasperle •• Ich hab's, ... eine Gämse ohne Bremse.

Teufel •• *(genervt)* Ja, Feuersbrunst und Schwefeldunst, du weißt scheinbar tatsächlich nicht, wer ich bin! *(zum Publikum)* Kinder, wisst ihr es denn? *(Kasperle redet, bevor Kinder antworten können.)*

Kasperle •• Ach, du teuflische Erscheinung, jetzt sehe ich es erst. Leibhaftig, der Teufel höchstpersönlich!

Teufel •• *(kleinlaut)* Nicht ganz, ich bin das Teufelchen. Ich bin noch nicht ganz ausgewachsen! *(stolz)* Aber bald, wenn ich richtig Feuer machen kann, wenn es brutzelt und kokelt in meiner Höhle, dann bin ich ein richtig teuflischer Teufel! Noch kann ich erst Rauch und Asche machen. Hihihhi! Das aber richtig! *(zum Publikum)* Nicht wahr, Kinder? *(zum Kasperle)* Und warum kraxelst du so weit rauf zu mir? Sonst besucht mich hier nie jemand.

Kasperle •• Wegen der Ruhe. Aber die ist jetzt wohl futsch ... Und wegen der schönen Aussicht und dem goldenen Gipfelkreuz natürlich, *(sieht sich suchend um)* das ich aber nirgends entdecken kann. Außerdem hab ich der/dem *(Namen des Geburtstagskindes einfügen)* einen besonderen Ausflug versprochen. Er/sie hat nämlich heute Geburtstag.

Teufel •• *(neugierig)* Wie, Geburtstag? Was ist denn das? Kann man das essen? *(aufgeregt)* Oder brennt es vielleicht ganz teuflisch? Dann will ich auch einen oder zwei, drei Geburtstage haben.

Kasperle •• Nein, das kann man weder essen noch verheizen. Das feiert man.

Teufel •• Oh, feiern ist gut, feiern ist immer gut! Da hat man gute Laune. *(zum Publikum)* Kinder, habt ihr gute Laune?
(Kinder antworten.)

Teufel •• Ja? Das hört sich aber nicht so an. Gute Laune ist laut, teuflisch laut ... Noch einmal, habt ihr gute Laune?
(Kinder antworten.)

Teufel •• Aha, schon besser.

Kasperle •• Ja, lustig sind wir alle hier. Aber, sag mal, Teufelchen, was ist eigentlich mit dem goldenen Gipfelkreuz passiert? Das war doch immer hier oben! Und jetzt, jetzt ist es verschwunden.

Teufel •• *(tut unschuldig)* Was, wie ... Mit dem Gipfelkreuz? Ja, ähm, ... was, wo, welches Gipfelkreuz meinst du speziell? So ein kleines winziges vielleicht? Das, ja, das hat bestimmt der Wind weggeblasen ... fffffffffffft ...

Kasperle •• Nein, doch kein kleines winziges – ein großes, schönes, stattliches, goldenes Gipfelkreuz, meine ich.

Teufel •• *(erstaunt)* War hier oben schon einmal so eins?

Kasperle •• Ja, bestimmt. Ich habe es doch von unten aus in der Sonne glänzen sehen. Das weiß ich ganz genau! Weil ich nämlich mit dem Fernglas oft hier rauf gespitzelt hab. *(sucht herum)* Hmmm, ah, hier hat es ganz bestimmt gestanden. Da ist noch das Loch vom Einbetonieren. Von hier aus hat es immer in das Tal geblitzt!

Teufel •• Ja, hier hab ich es stibitzt!

Kasperle •• Was hast du?

Teufel •• Oh, ja, hier hat es geblitzt. Genau! Jetzt, wo du es sagst.

Kasperle •• Du bist doch öfter hier umeinander. Hast du jemanden gesehen, der es weggeschraubt hat?

Teufel •• Gestaubt? Ja, abgestaubt hab ich's!

Kasperle •• Was hast du?

Teufel •• *(etwas stotterig)* Was, wie, ... ähm ... Gesehen, nein, gesehen hab ich mich nicht.

Kasperle •• Wo kann's denn dann sein?

Teufel •• Hihihi! ... Es ist mein.

Kasperle •• Jetzt aber raus mit der Sprache! Was weißt du über den Verbleib des goldenen Gipfelkreuzes?

Teufel •• Was, ich? Muss ich denn was wissen?

Kasperle •• Du führst mich doch an der Nase herum. Wissen müssen tust du es nicht, aber vielleicht „könnten" ...

Teufel •• Könnten schon, ... ja, könnten, ... was soll ich denn könnten?

Kasperle •• Himmeldings und rumsdibums ... Du bringst mich ganz schön durcheinander! Weißt du jetzt, wo das goldene Gipfelkreuz ist oder weißt du es nicht?

Teufel •• Hmmmm, ja ... Wenn ich ganz genau nachdenke, glaube ich schon, dass ich was weiß.

Kasperle •• Und wo ist es dann im Moment?

Teufel •• Hier nicht.

Kasperle •• Das sehe ich, dass es nicht hier ist. Aber wo ist es dann?

Teufel •• Woanders.

Kasperle •• Und wo ist „woanders"?

Teufel •• Halt fort, ... hmmm. Warum willst du das denn so genau wissen?

Kasperle •• Weil das Gipfelkreuz auf den Gipfel zurück soll. Sonst ist es ja kein Gipfelkreuz, sondern ein ... ein, ... hmmm, ... vielleicht ein „Mittenimbergkreuz". Und wenn es ein „Mittenbergimkreuz" ist, dann verplappere ich mich dauernd. Gipfelkreuz kann ich mir merken, „Kreuzbergmittendrin" verwurschtel ich dauernd.

Teufel •• Hmm, da hast du allerdings recht. Ja. ... Aber ..., ich brauche es doch.

Kasperle •• Wieso brauchst du ein Gipfelkreuz, das momentan ein „Inmittenbergkreuz" ist?

Teufel •• Für meine Schatzhöhle.

Kasperle •• Für deine Schatzhöhle? Ja, wozu denn das?

Teufel •• Na, in meiner Schatzhöhle muss doch ein Schatz sein. Da hab ich mir das goldene Gipfelkreuz geschnappt. Das ist jetzt mein Schatz für meine Schatzhöhle.

Kasperle •• Aber Teufelchen, du kannst doch nicht einfach das Kreuz vom Gipfel nehmen und in deine Schatzhöhle bringen. Das geht doch nicht!

Teufel •• Es ist auch nicht gegangen, ich hab es getragen ... *(stöhnt)* und geschleift, ja ..., und gezogen.

Kasperle •• Ja, aber das darfst du doch nicht, *(zum Publikum)* oder, Kinder? *(Kinder antworten.)*

Kasperle •• Nein!

Teufel •• *(bestimmend)* Aber dann brauche ich für meine Schatzhöhle einen anderen Schatz. Was ist schon eine Schatzhöhle ohne Schatz? Dann besorg du mir eben einen anderen Schatz. Hmm, als Ersatz würde ich vielleicht auch, ... sagen wir ..., ein Pudelwohl nehmen.

Kasperle •• Ein ... was?

Teufel •• Ein Pudelwohl. Es kann ja auch ein klitzekleines sein, aber ein Pudelwohl sollte es schon sein.

Kasperle •• Ojemine, wo soll ich jetzt ein Pudelwohl hernehmen?

Teufel •• Ohne Pudelwohl ist mir nicht wohl. Dann gibt es auch kein Gipfelkreuz!

Kasperle •• Also gut, ich denke erst in Ruhe nach. Hmm ..., hol du schon einmal das Kreuz, ich überlege mir etwas.

Teufel •• Und ich bekomme ganz bestimmt ein klitzekleines, feuriges Pudelwohl?

Kasperle •• Ja, ... hmm, ... ja, ja, bestimmt. Geh no zu und hol das Gipfelkreuz! *(Teufel geht ab.)*

Ein Pudelwohl im Tausch gegen das Gipfelkreuz

Kasperle •• Malofiz, weg ist er ... und wünscht sich ein klitzekleines feuriges Pudelwohl. *(zum Publikum)* Hmm, hat von euch vielleicht jemand zufälligerweise ein Pudelwohl in der Hosentasche? *(Kinder antworten.)*

Kasperle •• Nein? *(zum Geburtstagskind)* Sapperlott, *(Name des Geburtstagskindes)*, ist bei deinen Geburtstagsgeschenken nicht ein Pudelwohl dabei gewesen?

(Kind antwortet.)

Kasperle •• Nein? Ganz bestimmt nicht? *(zu sich selbst)* Auch nicht! Ja, wo nehme ich das jetzt her, hier oben mitten auf dem Berg? Das Nachdenken fällt mir bei der dünnen Luft auch nicht grad leicht! Ah, ich glaub, ich weiß jetzt, was das Teufelchen meint.

(Teufel kommt und schleppt goldenes Kreuz mit sich.)

Teufel •• So, Kasperle, hilf mir doch bitte einmal! *(übergibt Kasperle das Kreuz)* Hier kommt das Kreuz ... Hast du es?

Kasperle •• *(nimmt das Kreuz, schwankt noch etwas hin und her)* Wart, ... gleich, ... so jetzat.

Teufel •• *(hüpft aufgeregt umher)* Ich komm gleich.

Kasperle •• So, Teufele, wo bischt?

Teufel •• Da, hier. So, jetzt buddeln wir es wieder ein.

Kasperle •• Ja, da, wo es vorher auch gestanden hat. *(Kreuz wird oben in den Styroporberg gesteckt.)* Hier.

Teufel •• Genau da war es. *(aufgeregt)* So, und ich bekomme jetzt mein Pudelwohl.

Kasperle •• Langsam, langsam ... Das bereite ich erst noch vor. Du gehst kurz einmal dort an die Seite ... *(Kasperle führt den Teufel Richtung Vorhang)* So, nicht spitzeln. Du wartest hier, bis ich dich rufe. In Ordnung?

Teufel •• Nur, wenn du dich nicht heimlich davonschleichst!

Kasperle •• Nein, mach ich nicht. Also du wartest hier.

Teufel •• Also gut. Hier oder lieber da?

(Teufel geht hinter Vorhang, Kasperle steckt die Wunderkerzen aus dem Rucksack in den Styroporberg um den Höhleneingang herum.)

Kasperle •• Ja, so, da noch ... mhmmm.

Teufel •• *(aus dem Off)* Hast du schon gerufen?

Kasperle •• Nein, noch nicht. Ich bräuchte jetzt bitte noch Feuer.

Teufel •• *(aus dem Off)* Ich hab dir doch schon gesagt, dass ich das erst kann, wenn ich groß bin! Tut es ein kräftiger Rauch auch?

Kasperle •• Nein, das geht nicht. *(zum Publikum)* Könnte mir bitte einer von den Erwachsenen ein Feuer reichen? Danke! *(Erwachsener zündet Wunderkerzen an.)* So, jetzt kannst du kommen.
(Teufel tritt hervor, freut sich.)

Teufel •• Oh, oh, da fühl ich mich wohl. Pudelwohl! Danke, lieber Kasperle, vielen Dank! Jetzt kann das Gipfelkreuz gern am Gipfel stehen bleiben. Der Tausch hat sich gelohnt! Wie das brutzelt und kokelt! Das ist ja ein mittelgroßes Pudelwohl.

Kasperle •• Und wir könnten doch noch der/dem *(Name des Geburtstagkindes)* ein kleines Geburtstagsständchen singen, oder? *(zum Publikum)* Was singen wir denn?
(kurze Abstimmung, dann singen alle ein Geburtstagslied.)

Teufel •• Ja, schön könnt ihr singen, prima! Und ich hab da auch noch so eine Klitzigkeit für euch in meiner Schatzhöhle, wartet einmal ...
(holt Süßigkeiten von unten)
(zum Publikum) So, *(Name des Geburtstagskindes)*, kommst du mal bitte? *(Kind kommt.)*

Teufel •• Seht, extra aus meiner teuflischen Schatzhöhle für euch. *(Name des Geburtstagskindes)*, verteilst du es bitte nach der Vorstellung mit an die anderen Kinder? Klappt das?
(Kind antwortet.)

Teufel •• *(zum Publikum)* O.k. Und ich, ich hüpf dann gleich wieder in meine Schatzhöhle hinein. Da fühle ich mich nämlich pudelwohl. Tschüß, Kinder, tschau Kasperle ... *(geht ab)*

Kasperle •• Auf Wiedersehen, Teufelchen, und nicht dass du mir noch einmal das Gipfelkreuz mopst! So ein Schlawiner! Und ich mach mich wieder an den Abstieg! So eine abenteuerliche Bergtour hab ich schon lange nicht mehr gemacht! *(zum Publikum)* Also, tschüß Kinder! Passt auf, wenn ihr in den Bergen seid, vielleicht trefft ihr ja das Teufelchen. Vielleicht ist dann schon ein richtiger Teufel aus ihm geworden! ... Tschüüüüüß! *(geht ab, Vorhang zu)*

Kasperle bekommt ein Paket

Kasperle bekommt ein Paket. Doch bevor er es noch auspacken kann, wird es vom Räuber Stinkefuß gestohlen, dem der Kobold Schlupfganzschnell das Leben schwer macht. Wird es Kasperle gelingen, sein Paket zurückzuholen?

Hintergrund-Bild

neutraler Hintergrund, beispielsweise ein unifarbener Stoff

Spielfiguren

Kasperle; Räuber; Kobold

Requisiten

Paket (zugeschnürt, mit Gummibärchen gefüllt); Schere; Fangnetz mit Loch (den Griff aus Draht gebogen, Netz aus Sackleinen, Loch am Ende des Sackes, das genügend groß ist, dass ein Spielfigurenkopf hindurchpasst)

Das Paket kommt an

(Vorhang geschlossen, Kasperle aus dem Off)

Kasperle •• Tri, tra, trullala ... Hallo ihr lieben Kinder, ich habe heute eine Überraschung dabei. Jawohl, eine Überraschung ... für mich. Ich habe nämlich ein Paket bekommen. Wollt ihr es sehen? Es ist ein ganz tolles Paket. Ein viereckiges. Wenn ihr es auch bestaunen wollt, dann mache ich den Vorhang auf, Helft doch mal mit! *(Kinder helfen, Kasperle zieht im Hau-ruck-Takt den Vorhang auf)* Hau-ruck! *(Vorhang geht auf.)*

Kasperle •• So, jetzt hole ich das Paket her.
(Kasperle schleift das Paket hinter sich her auf die Bühne.)

Kasperle •• Oh, ist das schwer. *(zum Publikum)* Schaut her, das ist mit der Post zu mir gekommen! Der Postbote hat es mir gebracht. Da steht auch drauf: „Für den Kasperle", seht ihr? Toll ... Aber wisst ihr, ich habe keine Ahnung, was da drin ist. Weiß es jemand von euch?
(Kinder antworten.)

Kasperle •• Nein? Hmm ... Was kann denn da drin sein? *(hält das Paket ans Ohr)* Ich horch mal dran. Pssst, seid leise ..., da rührt sich nichts. *(schüttelt Paket)* Ich schüttel es einmal, ... auch nichts. *(entdeckt Schrift auf Paket)* Aaah, da steht ja noch was drauf: „OBEN". Juchuuuuu, da ist ein OBEN drin, schöööön ... *(zum Publikum)* Aber was ist eigentlich ein OBEN, Kinder?
(Kinder antworten.)

Kasperle •• Ach, ihr meint, bei der Schachtel wäre dort oben OBEN. Aber das sieht man doch, das muss man doch nicht extra draufschreiben. Wenn da unten oben wäre, würde ich es ja umdrehen! Na ja, egal. Da, wo oben steht, ist auch oben. Kinder, ich bin so aufgeregt … Zum Öffnen brauche ich aber noch eine Schere. Ich hol schnell eine, bin gleich wieder da.

(Geht ab, lässt Paket liegen, Räuber tritt auf.)

Räuber •• *(singend)* Ja, beim Kasperle ist der Räuber, halli, hallo der Räuber, didel didel dideldum. Oh, was ist denn das? Ein Paket, „Für den Kasperle" steht da drauf. Na, das kommt ja wie gerufen. Das nehme ich gleich mit zu meiner Räuberhöhle. Da ist bestimmt etwas ganz Besonderes drin. Höhöhöhö!

(Geht ab und nimmt das Paket mit. Kasperle kommt mit der Schere zurück.)

Kasperle •• So, da bin ich wieder mit der Schere. *(zum Publikum)* Ja, was wollte ich eigentlich schneiden?

(Kinder berichten.)

Kasperle •• Ja, klar, das Paket. Und der Räuber hat es mitgenommen? Ja, so was. Jetzt weiß ich gar nicht, was drinnen ist. Hmm, ich hole es mir einfach wieder zurück. Wo ist er denn hingegangen, der Räuber? *(Kinder antworten.)*

Kasperle •• Aha, zur Räuberhöhle! Ja, dann, auf geht's. *(geht ab)*

Das Paket beim Räuber

(Räuber tritt auf und zieht das Paket hinter sich her.)

Räuber •• Ha, das war eine glänzende Räuberei, dem Kasperle das Päckchen wegzuschnappen. Aber es ist ganz schön schwer. Was da wohl drin ist? Da steht was drauf: „OBEN". Was ist denn das, ein OBEN? Ach ja, ich bin ja nicht dumm, da oben ist oben. Klar, sonst wäre es ja unten. *(überlegt)* Was kann da drin sein? *(schnuppert)* Riecht irgendwie … komisch. Würstel sind es keine. Den Geruch kenne ich, da bekomme ich immer gleich Hunger! Hmm, ich mach es einfach auf, dann weiß ich, was drin ist. Eine Schere brauch ich noch, sonst geht es nicht auf. Die hab ich drinnen … *(zum Publi-*

kum) Dass mir ja keiner von euch an mein Paket geht, ihr kleinen Krümel da hinten! Sonst gibt es Ärger. Traut euch nicht ...

(Geht ab, Kobold singt, taucht hier und da auf und zeigt sich schließlich.)

Kobold •• Ich bin der Kobold Schlupfganzschnell,
die Sonne scheint besonders hell,
ich treibe meinen Schabernack
und hupfe ständig aus dem Sack.

(zum Publikum) Hallo Kinder, ich bin der Kobold Schlupfganzschnell. Wisst ihr, was Kobolde sind? Wir aus der Familie Schlupfschnell sind ganz flinke Kobolde. Wir treiben unseren Schabernack und sind ganz lustige Gesellen. Wir tauchen mal hier ... *(taucht auf und wieder unter)* und mal dort auf. Und manchmal sind wir da, aber ihr seht uns nicht ... *(entdeckt das Paket, fragt das Publikum)* Oh, was steht denn da? Ein Paket! Wer hat denn das hierher in den Räuberwald geschleift? Der Räuber? Aber da steht doch drauf: „Für den Kasperle", seht ihr?

(Kinder berichten.)

Kobold •• Aha, ... oh, er kommt.

(Kobold taucht wieder unter, Räuber kommt zurück und bringt eine Schere mit.)

Räuber •• *(schimpfend)* Bis ich in meinem Räuberhaushalt so etwas wie eine Schere gefunden habe. Ts, ts, ts, im Kühlschrank war sie! So was, wer die da wohl hineingetan hat? Ja, wahrscheinlich ich selber, ts, ts, ts ... Egal! Jetzt mal ran an das Paket ...

(Wenn der Räuber schneiden will, wird das Paket ein Stück weggezogen: Eine Jagd beginnt, die mit dem Zusammenstoß des Räubers und des Pakets endet. Räuber verliert die Schere.)

Räuber •• *(verärgert)* Aua, autsch, du Paket, du! Hast wohl Beine gekriegt als du mich, den gefährlichen Räuber Stinkefuß, erkannt hast? Oder bist du vielleicht eine Zauberkiste?

Kobold •• *(aus dem Off)* Ja.

Räuber •• Hat die Schachtel etwa gesprochen? He du, das kann doch gar nicht sein.

Kobold •• *(aus dem Off)* He du, Schlaubi, hörst du nicht, dass ich doch sprechen kann? Oder meinst du, deine Socken jammern so, weil deine Füße so grässlich riechen?

Räuber •• Meine Socken jammern nicht, die trage ich schon seit zwei Jahren! Wenn du schon sprechen kannst, was ist denn drin in deiner Schatulle?

Kobold •• *(singt aus dem Off)* Es ist nicht draußen, sondern drinnen.
Es sind keine Ameisen oder Spinnen.
Kein Eis und kein Schnee
und auch kein braunes Reh.
(Schere wandert weg.)

Räuber •• Was faselst du da? So ein Quatsch. Ich schneid es einfach auf ... Wo ist denn jetzt die Schere wieder hin? Hmm, ach hier ... *(geht zur Schere und überlegt)* Dass es drinnen ist, das weiß ich auch, sonst wäre es ja nicht im Paket drin. Aber wieso es keine Ameisen oder Spinnen sein sollen, keine Ahnung.
(Schere wandert wieder weg.)

Räuber •• Na ja, egal, gleich weiß ich es, gleich ist es auf ... Nanu, grad war die Schere noch da ... Bekommt hier alles Füße, oder was?

Kobold •• *(singt aus dem Off)* Die Beine, die Beine.
Sind's deine oder meine,
große oder kleine ...?

Räuber •• Da treibt doch irgendwer seinen Schabernack mit mir. Komm raus und stell dich, du Wicht, dass ich dich packen kann!
(Kobold taucht hier und da auf, zeigt sich schließlich und singt.)

Kobold •• Ich bin der Kobold Schlupfganzschnell,
die Sonne scheint besonders hell,
ich treibe meinen Schabernack
und hupfe ständig aus dem Sack.

Räuber •• *(Läuft hinter dem Kobold her, es entwickelt sich eine Verfolgungsjagd.)*
Pass auf, gleich hab ich dich!

Kobold •• Hier bin ich, ... nein da, ... nein, ganz woanders ...

Räuber •• Na warte, gleich wird dir das Lachen vergehen.

(zum Publikum) Ich hol einfach mein Fangnetz. Damit geht er mir in die Falle!

(Geht und holt das Fangnetz von unten. Zunächst schlagen die Fangversuche fehl, doch dann fängt er den Kobold. Aus dem Loch guckt der Kopf des Koboldes heraus, der Rest ist im Netz gefangen.)

Räuber •• Sooooo, jetzt hab ich dich, du kleiner Wicht. Hahaha! *(erstaunt)* Oh, da ist ja ein Loch drin.

Kobold •• Lass mich raus und das Loch verschwindet.

Räuber •• Das kannst du dir denken. *(zum Publikum)* He da, du, da vorne, ja du, komm einmal her und nimm das Loch da weg. Aber ein bisschen plötzlich! *(ungeduldig)* Na, ich hab gesagt, du sollst das Loch wegtragen!

(Kind kommt und antwortet.)

Räuber •• Was, das geht nicht? Wenn der Kobold das kann, dann müsst ihr das doch auch können! Probier du es da drüben einmal.

(Kind antwortet.)

Räuber: •• Was, du kannst es auch nicht? Räuberfluch und Lochimsack, ja muss ich denn alles allein machen? Dann repariere ich halt den Sack! *(versucht vergebens, das Loch zu reparieren)* Ja, ... das kann ich auch nicht!

Kobold •• Ich sag doch, lass mich raus, und das Loch verschwindet!

Räuber •• Also gut, aber mach ja keine Zicken.

(Kobold schlüpft aus dem Fangnetz, nimmt es und fängt dann den Räuber mit dem Netz und singt.)

Kobold •• Ich schlupfe aus dem Sack-Loch raus,
den Räuber fang ich wie 'ne Maus.

Räuber •• He, was soll das? Du wolltest doch das Loch wegnehmen?

Kobold •• Hab ich doch. Loch ist keins mehr da, da steckst du doch drin. Hihihihi!

(singt) Mein Schabernack, der ist jetzt aus.
Jetzt geh ich schnell zu mir nach Haus.
Der Räuber steckt im Sack so fest,
der Kasperle gibt ihm dann den Rest.

(geht ab)

Kasperle holt das Paket zurück

Räuber •• So ein Schlawiner! Foppt der mich, ... mich, den Räuber! Wenn ich bloß hier raus käme! Hoffentlich kommt der Kasperle nicht so schnell.

(Kasperle tritt pfeifend auf.)

Kasperle •• *(freut sich)* Ja, wen haben wir denn hier? Und so hübsch verpackt! Hallo Räuber Stinkefuß, hast du dich gleich selbst gefangen? Das finde ich prima!

Räuber •• *(zu sich selbst)* Dieser grässliche pfeifende Kasperle schon wieder. Immer durchkreuzt er meine Pläne. *(verärgert zum Kasperle)* Was willst du hier, Kasperle? Für dich gibt es hier nichts.

Kasperle •• Oh doch, hier steht etwas, das mir gestohlen wurde. Das ist mein Paket, hier steht: „Für den Kasperle". Wie kommt denn das hierher?

Räuber •• Das weiß ich doch nicht! Das hat bestimmt Beine gekriegt und ist von alleine hierher zu mir gelaufen. *(zum Publikum)* Stimmt es, Kinder? *(Kinder verneinen.)*

Räuber •• Ja, aber hin und her geflitzt ist es, es ist mir immer wieder entwischt, als ich es aufschneiden wollte!

Kasperle •• Aha, da haben wir es schon, du Dieb. Du wolltest mein Paket öffnen. Ich mach meine Pakete immer noch selber auf. So, hmm, was mach ich jetzt mit dir? Dich und das Paket bringe ich nicht nach Hause. Das ist mir zu schwer. Hmm, ... *(schnüffelt plötzlich)* ... deine Füße riechen ja furchterbar, da heulen ja gleich deine Socken ...

Räuber •• Was ihr alle von meinen Füßen wollt. *(unschuldig)* Soooo streng riechen sie nun auch wieder nicht.

Kasperle •• Von wegen! Wie sechs überreife Stinkkäse in der Sonne. Jetzt weiß ich, was ich mit dir mache! Zur Strafe hängst du deine Füße in den Bach, bis sich die Fische oder Frösche wieder in deine Nähe trauen. Und das wird eine Weile dauern, glaube ich.

Räuber •• *(bittend)* Aber ..., aber Kasperle, das kannst du doch von mir nicht verlangen. Der große Zeh, reicht es nicht, wenn der sauber wird?

Kasperle •• Nein, nein, nein! Dich sieht man nicht, dich hört man nicht, aber man riecht dich kommen! Los, los, auf geht's, wasch deine Füße!

Räuber •• Aber ...

Kasperle •• Kein aber. Komm da raus und wasch dich.

Räuber •• *(Räuber kommt aus dem Fangnetz, geht mit Geschimpfe ab)* Meine schön duftenden Füße, wer stört sich denn daran ...

Kasperle •• Alle, ab jetzt mit dir, aber schnell! So, das hätten wir! *(kopfschüttelnd)* Die haben aber auch gestunken! *(zum Publikum)* Aber wie ist der Räuber überhaupt in die Falle geraten?

(Kinder erzählen.)

Kasperle •• Ah, der Kobold, der hat mir auch schon meine Schere in den Kühlschrank gelegt. Hmm, da steht nun mein Paket. Mit dem Hinweis OBEN, wo oben ist, und ich weiß immer noch nicht, was drin ist. *(zum Publikum)* Soll ich es aufmachen?

(Kinder antworten.)

Kasperle •• Ja? Oder soll ich es einfach so auf meinen Tisch legen, dann ist es ganz lange spannend? Aufmachen, meint ihr? Neugierig bin ich ja schon! Da muss mir aber einer von euch helfen. Wenn da nämlich das Krokodil rauskommt, müssen wir es gleich wieder reinstopfen, nicht wahr? Wer hilft mir bitte?

(Ein Kind kommt.)

Kasperle •• *(gibt Kind die Schere)* Kannst du es auch noch aufschneiden?

(Kind schneidet Paket auf.)

Kasperle •• Danke schön! Sieh mal rein, ob das Krokodil raus will ... Was ist denn drin?

(Kind öffnet Paket und antwortet.)

Kasperle •• Was? Oh, toll, zeig her! Oh, das sind ja so viele, die reichen für uns alle! Wartet mal, ich komm zu euch ...

(Kasperle verteilt Gummibärchen aus dem Paket.)

Kasperle •• So, Kinder, jetzt muss ich aber gehen. Tschüüüß!

(Kasperle zieht pfeifend den Vorhang zu, geht ab.)

Das verzauberte Osterei

Der Kobold Flitzeflink verzaubert aus Versehen das Ei des Osterhasen. Und das kurz vor Ostern, wo der Osterhase sowieso so viel zu tun hat. Ob Kasperle helfen kann, dieses Missgeschick wieder gutzumachen?

Hintergrund-Bild
Landschaft

Spielfiguren
Kasperle; Osterhase; Kobold; Zauberer

Requisiten
drei verschieden große Eier (eventuell aus Pappmaschee: ein großes gelb bemaltes Ei mit schönem Muster, das sich öffnen lässt und später mit kleinen Schokoladeneiern gefüllt ist; ein kleineres gelbes Ei mit blauen Tupfen; ein kleines rotes Ei); Farbtopf (ein bunt bekleckerter Joghurtbecher); Korb, in den das mittlere Ei passen soll; Zaubertuch; Pinsel, der um den Hals des Hasen gehängt ist

Kasperle sucht den Osterhasen

(Vorhang geschlossen, Kasperle guckt hervor.)

Kasperle •• *(zum Publikum)* Hallo Kinder, ich bin's, der Kasperle! Seid ihr alle da?

(Kinder antworten.)

Kasperle •• Ja? Alle? Prima, heute habe ich euch ein Rätsel mitgebracht, hört mal gut zu:
Hoppelt mit 'nem Sack voll Eier
zu Frau Schnuller und Herrn Kleier.
Bunte, blasse, große, kleine –
wisst ihr schon, wen ich da meine?
Nester finden, Eier schlecken,
das lassen sich die Kinder schmecken.
Na, Kinder, wen meine ich da? Wer kann das sein?

(Kinder antworten.)

Kasperle •• Jawohl, der Osterhase. Kennt ihr alle den Osterhasen?

(Kinder antworten.)

Kasperle •• Ja? Wer von euch hat ihn denn schon einmal gesehen? Keiner? Es könnte schon sein, dass er sich hier bei uns blicken lässt. Aber ich sehe soeben, es sind ja sooo viiiiele Kinder hier. Da bitte ich den Osterhasen, ein paar Eier mehr zu bemalen. Damit es für euch alle reicht. Aber zuerst müssen wir noch den Vorhang aufziehen. Kinder, helft bitte mit. Ruft ganz laut „Hau-ruck"!

(Kinder rufen, Kasperle zieht Vorhang im Hau-ruck-Takt auf.)

Kasperle •• Danke schön! So, jetzt gehe ich schnell auf die Suche nach dem Osterhasen. Wir müssen schon schnell sein, um ihn zu erwischen. Ich beeil mich, bis gleich.

(Geht ab, Hase tritt auf, hat den Pinsel um den Hals gehängt und bringt das große gelb bemalte Ei mit dem schönen Muster mit.)

Hase •• *(zum Publikum)* Oh, hallo Kinder. Hab ich nicht ein wunderschönes Ei gemalt? Es ist fast fertig. Fehlt nur noch etwas blaue Farbe. Gefällt es euch? *(Kinder antworten.)*

Hase •• Das Muster hab ich in der Osterhasen-Eier-Malschule gelernt. Es ist nicht ganz so einfach zu malen, aber es sieht toll aus, oder? *(Kinder antworten.)*

Hase •• Ich hol nur schnell die blaue Farbe. Das Ei bekommt noch blaue Tupfen, dann ist es bereit für das Osternest.

(geht ab, lässt das Ei auf der Bühne)

Flitzeflink verzaubert die Ostereier

(Kobold tritt auf.)

Kobold •• Halli, hallo, hallumpedink,
ich bin der Kobold Flitzeflink, *(saust herum)*
ich flitze flink von hier nach da, *(verschwindet)*
oft sieht mich keiner, trallalla. *(taucht wieder auf)*
Verstecke Sachen,
lass es krachen,
treibe meinen Schabernack,
springe dann im Zickezack,
mache Spaß und hüpf herum,
und manchmal fällt auch etwas um. ... Haha ...

(entdeckt das Ei) Oh ja, was ist denn das für ein schööööönes, buuuuntes, groooooßes, tolles Ei? Das ist bestimmt für mich, wenn es so gaaanz alleine hier steht. *(zum Publikum)* Oder, Kinder? *(Kinder antworten.)*

Kobold •• Nein? Ja, warum denn nicht?

(Kinder berichten.)

Kobold •• Dem Osterhasen? Ja, aber der versteckt es doch eh für uns. Wenn ich es gefunden habe, ist es dann nicht meins?

(Kinder antworten.)

Kobold •• Also gut, wenn ihr meint. Aber anschauen darf ich es, weil es doch so schööööön ist. Ob es aus Schokolade ist oder aus Marzipan? Vielleicht ist es auch ein Dinosaurier-Ei. Weil es ja so groß ist. Ich kann es nicht so einfach hochheben. Seht mal, geht ganz schön schwer.

(hebt das Ei auf, dreht sich mit dem Ei von den Kindern weg, singt und hat das kleinere gelbe Ei mit den blauen Tupfen in der Hand)

Ich schau mir jetzt das Ei an, das Ei an, das Ei an. Ja, wie ich schön tanzen kann, tanzen kann!

Oje, habt ihr gesehen? Jetzt hab ich aus Versehen das Ei kleiner gezaubert. Dass immer mir so etwas passiert ... Hmm, ist es denn viel kleiner als vorher, ja? Hmm, ob der Osterhase das merkt? Ich leg es ihm vorsichtig wieder hin. Schade, das wollte ich nicht. Kinder, verratet mich bitte nicht! Ich hab das nicht mit Absicht gemacht. Au weh, da kommt der Hase schon. Pssst, bitte nicht verraten! Schnell weg.

(Geht ab, Hase kommt mit Farbtopf zurück.)

Hase •• So, da hab ich meine blaue Farbe für die Tupfen ... Nanu, da sind ja schon Tupfen drauf. Sogar in Blau. Ach, ich sollte mir doch vielleicht einmal eine Brille zulegen. Dann sehe ich besser, was ich so alles male, ts, ts, ts. Na ja, wenn ich es mir so recht betrachte, ist es bereits tipptopp bemalt.

Nun denn, dann nehme ich noch Maß für den Korb. Ich bastle einen Korb für das Ei, zum Tragen. Da sollte das Ei genau hineinpassen. Nicht zu groß und nicht zu klein. Es darf nicht zerbrechen. Eier sind sehr empfindlich. *(nimmt mit seinen Armen Maß)* Also, sooo hoch ganz genau und sooo breit, aha, mhm. Und so rund. Gut. Hoffentlich weiß ich das Maß nachher noch. So und so und so. Jawohl. Also bis gleich!

(geht ab, kommt wieder und nimmt noch einmal Maß)

Hase •• Wie hoch war es doch gleich wieder? Aha, ja richtig. Genau.
(Geht ab, Kobold tritt auf, sieht sich nach dem Hasen um.)

Kobold •• Er hat es nicht gemerkt, Gott sei Dank! Jetzt schau ich mal, ob die blauen Tupfen wirklich schon drauf sind. Ja, wirklich. Hmm, wie ist denn das gerade geschehen? Ich hab es doch nur so hoch gehoben. *(zum Publikum)* Seht, Kinder, so ... und dann hab ich gesungen.
(dreht sich wieder um, singt und hält jetzt das kleine rote Ei in den Händen)
Ich schau mir jetzt das Ei an, das Ei an, das Ei an. Ja, wie ich schön tanzen kann, tanzen kann!
Oh, hoppla. Oje, jetzt hab ich das Ei noch einmal kleiner gezaubert. Ach, du grüner Kobold. *(zum Publikum)* Kinder, seht mal! Ich wollte das wirklich nicht. Ich hab es doch nur gehalten ... Ach, herrje! Wisst ihr, ich hab in der Kobold-Schule nicht ganz so gut aufgepasst. Da passieren mir schon einmal so kleine Missgeschicke. Aber gerade beim Osterhasen ... Das tut mir wirklich sehr leid. Wie kann ich das wohl wieder rückgängig machen? Hmm. Oje, da kommt der Hase schon wieder. Ich stell das Ei wieder hierhin und verschwinde in meinen Koboldwald. Da trau ich mich erst wieder nach Ostern raus. Heijeijeijei!
(Geht ab, Hase tritt auf, trägt einen Korb bei sich.)

Hase •• So, mein Korb ist jetzt fertig. Nur noch das Ei hinein ... *(versucht, das Ei in den Korb zu stecken)* Nanu? Das passt ja gar nicht hinein. Es ist viel zu klein. Ich hab mir das Maß aber doch genau gemerkt: *(gestikuliert mit den Armen)* so groß, so dick und so rund ... Es ist aber nur so groß, so dick und so rund ... Ja, und rot ist es auch noch. Ich hab es doch gelb angemalt! Das weiß ich ganz genau! Wie kann das jetzt sein?
(Kinder berichten, es entspinnt sich ein Gespräch zwischen Hase und Kindern.)

Hase •• Aha, der Kobold. Welcher Kobold? Wie hieß er? War es der Versteckdichweg?
(Kinder antworten.)

Hase •• Nein? Oder der Drezganzfescht?

(Kinder antworten.)

Hase •• Auch nicht? Oder der Flitzeflink?

(Kinder antworten.)

Hase •• Aha! Der Flitzeflink. Das ist noch ein ganz junger Kobold, aber ein ganz lieber. Muss erst noch alles lernen! Wie hat er das denn gemacht?

(Kinder berichten.)

Hase •• Aha, einfach hochgehoben und dann rumgedreht. Hmm ... Aber einen neuen Korb kann ich nicht basteln, das dauert zu lange. Und ich hab keine Äste mehr. Wir müssen versuchen, das Ei wieder größer zu zaubern. Aber ich, ich kann nicht zaubern. Und Flitzeflink, na ja, nicht dass es noch kleiner wird. Hmm, da fällt mir nur der Kasperle ein. Der wollte doch eh vorbeikommen. Außerdem kennt er doch alles und jeden. Der hat bestimmt eine Idee.

(zum Publikum) Ruft mal bitte alle ganz laut nach dem Kasperle ...

(Kinder rufen nach dem Kasperle, Kasperle tritt auf.)

Kasperle holt Hilfe

Kasperle •• Ja, hier steckst du, ich such dich schon überall ...

Hase •• Hallo Kasperle, weißt du schon Bescheid?

Kasperle •• Klar, ich weiß schon, dass sooo viiiele Kinder hier sind und die Eier nicht reichen. Hast du schon mit Malen begonnen? Reicht es für alle?

Hase •• Du bist lustig, ob es für alle reicht? Ja, nie und nimmer! Der kleine Kobold Flitzeflink hat versehentlich das Ei kleiner gezaubert! Wenn er es noch einmal verzaubert, müssen wir es mit der Lupe suchen. *(zeigt Kasperle das rote Ei)* Hier, sieh selbst! Ganz groß war es. *(zeigt mit den Armen die verschiedenen Größen des Eies an)* Nun ja, vielleicht nicht ganz so, aber mindestens so groß, nicht wahr, Kinder? So groß wurde es und so groß ist es jetzt.

Kasperle •• Ach, du dickes Ei! Na, dann soll Flitzeflink es halt wieder groß zaubern!

Hase •• Würde er ja, wenn er könnte, aber er weiß nicht, wie! Jetzt steckt er im Koboldwald und traut sich nicht mehr heraus. Darum haben die Kinder dich gerufen. Du kannst doch so gut nachdenken. Ich hab dafür keine Zeit, ich bin schwer beschäftigt mit Eieranmalen.

Kasperle •• *(zu sich selbst)* Da bohr ich mal in der Nase, da kann ich am besten denken ... Hmm, was können wir da machen? Wer kann denn alles zaubern? Hmm, die Hexe Taiglatelli ... Aber die verhext sich ja auch dauernd. Nein, die nicht. Die Oberhexe? Aber die schnappt sich dann selbst das Ei. Nein, die auch nicht. Die Kobolde verstecken sich immer. Die kommen und gehen, wie sie wollen. Da ist auch nichts zu machen. *(zum Publikum)* Kinder, wer kann denn noch zaubern? Ach ja, genau, den hätte ich fast vergessen. Den Zauberer Donnerbalken natürlich! Dass ich da nicht selbst darauf gekommen bin! Den kann man aber auch nicht so einfach rufen. Zuerst flüstert man den Namen, dann lauter, dann noch lauter und dann ganz laut.

Hase •• Oh, der große Zauberer William des Donnerbalkens, den meinst du? Das ist nichts für mich. Da fürchte ich mich, der ist sooo mächtig. Und ich, ich bin doch nur ein klitzekleiner Osterhase. Ich hoppel so lange in meinen Bau. Ruft mich wieder, wenn die Luft rein ist. Ach, da werde ich ja ganz nervös ... Nur schnell weg.
(geht ab, kommt wieder zurück)

Hase •• Halt, mein Korb.
(nimmt den Korb, geht ab, kommt wieder zurück)

Hase: •• Und mein Ei ... *(geht mit dem Ei und dem Korb ab)*

Kasperle •• Na so was, jetzt ist er weg. Hat Angst vor dem Zauberer. Dann ist das vielleicht gar kein Osterhase, sondern ein Angsthase. Hahaha! Nein, so etwas sollte ich nicht sagen. Mir ist selber etwas mulmig zumute. *(bittend zum Publikum)* Kinder, ihr steht mir doch bei, oder? Ihr helft mir bitte, wenn es brenzlig wird, ja? Wir sind doch alle mutig. Genau. So, wir probieren einmal, den Zauberer William des Donnerbalkens zu erreichen. Zuerst flüstern wir seinen Namen ... lauter ... noch lauter ...

(Kinder rufen nach dem Zauberer. Zauberer erscheint mit viel Getöse. Zaubertuch ist in Reichweite des Zauberers für das Publikum noch unsichtbar deponiert.)

Zauberer •• Hier bin ich.

Kasperle •• *(erschreckt, zu sich selbst)* Oh, jeggesnah, jetzt bin ich aber erschrocken. So ein ehrfürchtiger Mann. *(zum Zauberer)* Guten Tag, großer Zauberer William des Donnerbalkens. *(zum Publikum)* Kinder, sagt bitte auch „Guten Tag" zum Zauberer. Der kommt nicht jeden Tag hierher.

(Kinder antworten.)

Kasperle •• *(zum Zauberer)* Ja also, lieber großer Zauberer Donnerbalken, wir haben ein Problem. Der Kobold Flitzeflink hat versehentlich das Ei vom Osterhasen kleiner gezaubert. Jetzt traut er sich nicht mehr heraus aus seinem Koboldwald. Und einen „Rück-Zauber-Ei-größer-werd-Spruch" weiß er auch nicht. Wir alle hier bitten Euch, großer Zauberer Bonnerkalben, ähm nein, Entschuldigung, ich meine Zauberer Donnerbalken, um Hilfe.

Zauberer •• *(holt das Zaubertuch und gibt es dem Kasperle)* Hier habt ihr ein Zaubertuch. Es funktioniert nur einmal. Was ihr daraus macht, und vor allem, wie, das liegt in eurer Hand. War das alles?

Kasperle •• Nein, also, ... ja, ich wünsch mir ganz viiele Würschtel ...

Zauberer •• *(ungläubig)* Waaas?

Kasperle •• Nein, Entschuldigung, ich meine, ja, also, natürlich nein, das war alles ... ähm ... Danke schön ...! *(Zauberer geht mit Geschepper ab.)*

Kasperle •• *(ganz nervös zu sich selbst)* Ach, ich rede mich noch um Kopf und Kragen. Das mit den Würschtel ist mir so herausgerutscht, weil es doch mein Lieblingsessen ist. Ach, jetzt bin ich aber ins Schwitzen gekommen. So ein mächtiger großer Zauberer. Nur ein Schnips und er hätte mich in eine Kröte verwandeln können.

Und ich palaver von Würschtel! Oje, Kasperle, du musst noch viel lernen! Hmm, hier ist das Tuch. Hat er mir jetzt einen Zauberspruch verraten? Vor lauter Aufregung hab ich nicht so genau zugehört. Herrje, nichts wie ab zum Osterhasen, bevor mir wieder so ein Quatsch einfällt. *(geht ab)*

Kasperle und Flitzeflink

(Rotes Ei wieder auf der Bühne, Kobold tritt auf.)

Kobold •• Hier steht schon wieder das Ei. Es verfolgt mich. Und es wird nicht größer! Vielleicht wenn ich es ganz scharf ansehe ...? *(starrt eine Weile auf das Ei)* Nein, leider nicht. Oder ich blase es einfach auf. *(versucht das Ei aufzublasen)* Pust, pust, pust ... Na, wird es schon größer? Nein? Am liebsten würde ich es einfach aufessen, dann würde niemand mehr sehen, welchen Schabernack ich hier treibe. Eigentlich ganz lustig. Wenn es doch umgekehrt auch so funktionieren würde. Dann würde ich mir ein riiiiesen Ei aus Schokolade zaubern. Daran hätte ich eine ganze Weile zu naschen. Hmm, wie lecker ... Dabei habe ich es nur so angeschaut, so, und dann hab ich gesungen. *(nimmt das Ei, dreht sich, singt und hat das gelbe Ei mit den blauen Tupfen wieder in der Hand)*

Ja, wie ich schön schauen kann, schauen kann, schauen kann. Ich schau mir jetzt das Ei an, das Ei schau ich mir an.

(zum Publikum) Huch, Kinder, habt ihr gesehen? Jetzt ist es wieder größer geworden. Toll, und wieder gelb. Was ich alles kann! Da sind auch die blauen Tupfen drauf, seht ihr? Hier. Jetzt könnte es doch eigentlich in den Korb vom Osterhasen passen.

(zu sich selbst) Hmm, ... wenn es einmal geklappt hat, vielleicht geht das dann auch zweimal?

(zum Publikum) Kinder, soll ich es noch einmal genauso anschauen, vielleicht wächst es noch einmal?

(Kinder antworten.)

Kobold •• Ja? Mit etwas Glück wird es so schön und groß wie zu Anfang. Wenn ich Pech habe, schrumpft es wieder oder ist sogar ganz futsch. Kinder, was meint ihr, soll ich es versuchen?

(Kinder antworten.)

Kobold •• Ja? Ich probier es. Wer nicht wagt, der alles verliert ... oder so ähnlich. Also los! Komm her, du Ei!

(nimmt das Ei, dreht sich, singt und hat das größte gelbe Ei ohne blaue Tupfen in der Hand, das jetzt mit kleinen Schokoladeneiern gefüllt ist)

Ja, wie ich schön schauen kann, schauen kann, schauen kann. Ich schau mir jetzt das Ei an, das Ei schau ich mir an.
(zum Publikum) Kinder, das Ei ist groß, schön, bunt, ohne blaue Punkte. Wie am Anfang, als ich es gefunden habe. Ach, jetzt bin ich aber froh. Habt ihr das gesehen? Gott sei Dank. Wunderschön, da wird sich der Osterhase aber freuen ...
(Kasperle tritt auf und hat das Zaubertuch bei sich.)

Kasperle •• Ja, da ist ja unser Übeltäter! Hallo Flitzeflink, hätte nicht gedacht, dass ich dich hier noch einmal antreffe.

Kobold •• *(erschreckt)* Hallo Kasperle, jetzt hast du mich aber erschreckt. Ja, ja, mein Schabernack war schon schlimm. Aber sieh doch, das Ei! Siehst du, es ist wieder wie vorher.

Kasperle •• Ja, tatsächlich! Wie hast du das denn so schnell hingekriegt?

Kobold •• Ich hab es einfach noch einmal genommen, schau, so, wie vorhin hab ich mich dann ...
(will sich wieder drehen)

Kasperle •• *(unterbricht)* Halt, halt! Stell das Ei sofort wieder hin. *(Kobold stellt Ei hin.)* So, jawohl! Weißt du, wenn du es mir so ganz genau zeigst, befürchte ich, es schrumpft wieder. Ich glaub dir auch so. Toll, wie groß es jetzt ist!

Kobold •• Vielleicht kann ich es noch größer zaubern, wenn ich ...

Kasperle •• Nein, nein und nochmals nein! So ist das Ei vollkommen in Ordnung. Guck, ich war extra mit den Kindern beim Zauberer und habe ein Zaubertuch geholt. Hier! *(hält dem Kobold das Zaubertuch vor die Nase)*

Kobold •• Ein schönes Tuch. Gib her! Was kann man damit machen? Soll ich mir es als Schal umbinden? Jetzt gib endlich her ...
(Kasperle und der Kobold streiten um das Tuch.)

Kasperle •• Neiiiiiin. Du Schuft, du, lass das! Gib endlich her! Das ist vom Zauberer Donnerbalken, also ist es kein Schal, sondern ein Zaubertuch. Ich wollte das Ei zurückzaubern. Aber das brauche ich ja jetzt nicht mehr. Du hast das alleine geschafft. Hmm, was könnten wir denn mit dem Tuch noch machen? So genau hat mir der Zauberer nicht gesagt, was das Tuch alles kann.

Kobold •• *(aufgeregt)* Ich weiß was: Wir legen das Tuch über das Ei. Dafür war es ja gedacht. Dann sagen wir einen Zauberspruch, dann spitzeln wir unter das Tuch, und dann wissen wir, was passiert ist. Ja, genau, das machen wir, das machen wir ...

Kasperle •• *(skeptisch)* Ja, aber wir wissen doch nicht, was passiert.

Kobold •• Doch, dann schon.

Kasperle •• Ja, stimmt, dann schon. Aber, wenn etwas Fürchterliches mit dem Ei passiert?

Kobold •• Was denn?

Kasperle •• Halt etwas Gruseliges, Schlimmes ... oder so.

Kobold •• Probieren geht über Studieren. Was soll schon so Grausiges, Schlimmes oder so sein?

Kasperle •• Nein, nein, wenn da der Teufel aus dem Tuch rausschlüpft ... oder, oder ... *(schwärmerisch)* Würschtel, hmmm, ... leckere, dicke, fette, saftige, viele, viele Würschtel ... Flitzeflink, los, wir probieren es!

Kobold •• Dann leg endlich das Tuch drauf und sag deinen Zauberspruch.

Kasperle •• *(legt Tuch über das Ei)* Also gut, so, das Tuch. Hilf mir! Ist das Ei ganz verdeckt, ja? Gut so? Also, dann den Zauberspruch ... *(stutzt)* Welchen Zauberspruch?

Kobold •• Na den, den dir der Zauberer gesagt hat, natürlich.

Kasperle •• Ach den, natürlich. Aber ..., er hat mir keinen gesagt.

Kobold •• Keinen? Bist du sicher?

Kasperle •• Keinen. *(zum Publikum)* Kinder, hat er einen gesagt oder nicht? *(Kinder antworten.)*

Kasperle •• Keinen hat er gesagt.

Kobold •• Dann zaubern wir halt selber. Weißt du einen Zauberspruch?

Kasperle •• Nein, ich bin nämlich der Kasperle. Ich kann mir keine Würschtel zaubern, ich kann sie mir nur wünschen.

Kobold •• Du und deine Würschtel. Also, wir brauchen einen Osterei-Zauberspruch. Das ist schwer ... Hmm, hmm ... Da weiß ich einen Überraschungsspruch. *(zum Publikum)* Passt auf, ganz leise jetzt, sonst klappt es nicht! Psssst, silencium!
Koboldspruch und Zaubertuch
dieses Ei geht nicht zu Bruch,

dreimal hoch und sechsmal runter,
alle sind hier froh und munter.
Krötenpups und Schneckenbein,
das Ei, es soll verzaubert sein.

(Pause, räuspert sich) So, das war mein ganz persönlicher Zauberspruch, den ich jetzt gerade soeben erfunden habe.

Kasperle •• *(beleidigt)* Na prima, jetzt hab ich mich auf Würschtel gefreut, da geht's um meine Würschtel, und der Kobold erfindet soeben gerade irgendeinen dummen Zauberspruch. So ein Quatsch! Getan hat sich auch nichts.

Kobold •• Aber Kasperle, wir haben doch noch gar nicht unter das Tuch gespitzelt.

Kasperle •• *(hoffnungsvoll)* Ach so, dann könnten da vielleicht doch zwei oder drei oder wenigstens ein Würschtel ...

Kobold •• *(genervt)* Würschtel, Würschtel, Würschtel ... Wer zieht jetzt das Tuch herunter? Du, Kasperle! Du hast am meisten geschimpft. Du machst das.

Kasperle •• Nein, du, du hast auch gezaubert, ... oder so. Du musst das machen.

Kobold •• Dann ziehen wir zusammen. *(zum Publikum)* Auf drei, Kinder, zählt mit! – Eins, ... zwei, ... drei

(Kinder zählen mit. Kasperle und der Kobold ziehen das Tuch weg.)

Kobold •• Also, das Ei sieht genauso aus wie vorher.

Kasperle •• Klopf mal dran, vielleicht rührt sich ja etwas.

(Kobold klopft am Ei.)

Kobold •• Ich höre nichts. Drin ist keiner. Ich heb es mal hoch: hau-ruck! *(hebt Ei hoch und legt es dann wieder hin)* Oh, es ist schwerer geworden, viel schwerer. *(hüpft wild herum)* Wie kommen wir hinein? Sollen wir es aufknacksen? Ich hol einen Hammer ...

(will abgehen, wird aber von Kasperle aufgehalten)

Kasperle •• Nein, das ist doch jetzt ein Zauber-Ei. Das können wir nicht einfach knacksen. Lass mal sehen *(untersucht das Ei genauer)* Hier ... Oh, sieh! Hier lässt es sich öffnen. *(öffnet das Ei und schließt es dann wieder)* Oh, ganz viele Schokoladeneier, lecker-schmecker ...

Kobold •• Dann hat sich mein Schabernack ja doch noch gelohnt. Das ist schön. Ich schnapp mir auch ein kleines Ei und dann verschwinde ich wieder in meinem Koboldwald. Der Tag war aufregend genug für mich. Nicht dass ich noch mehr Unheil anrichte. Bis bald, Kasperle. *(zum Publikum)* Tschüß, Kinder!

(geht singend ab) Ich treibe meinen Schabernack, hüpfe dann im Zickezack ...

Kasperle •• Mach's gut, Flitzeflink. Treib den Schabernack nicht ganz so bunt! Ach, das hat er gar nicht mehr gehört. Weg ist er. Er ist einfach zu schnell. Aber ein lieber Kerl ist er schon, nur etwas schusselig. *(zu sich selbst)* Hmm, warum bin ich jetzt eigentlich hergekommen? Ach, der Osterhase, ja richtig. Der wartet noch in seinem Bau. *(zum Publikum)* Den müssen wir ganz laut rufen, sonst traut er sich nicht her zu uns ...

(Kinder rufen laut nach dem Hasen, Hase spitzelt vorsichtig um die Ecke und kommt dann heraus.)

Die Ostereier sind wieder da

Hase •• Ist die Luft rein, kann ich kommen oder befindet sich der hohe Zauberer Donnerbalken noch hier?

Kasperle •• Der Zauberer ist schon lange weg. Komm her, lieber Osterhase, schau, was wir alles gezaubert haben! Der Flitzeflink konnte seinen Zauber rückgängig machen.

Hase •• Oh, mein Ei, so groß und schön wie zu Anfang! Aber ohne Tupfen. *(enttäuscht)* Jetzt passt es aber wieder nicht mehr in meinen Korb hinein ...

(Kasperle klappt das Ei auf.)

Hase •• Oh, jetzt ist es ein Zauber-Ei, ganz viele Schoko-Eier schlafen hier drinnen.

Kasperle •• Ja, noch schlafen sie. Dürfen die Kinder sie wecken und dann naschen?

Hase •• Natürlich, sie haben dir bestimmt sehr geholfen. Ich gehe jetzt wieder an die Arbeit. Sonst werde ich bis Ostern nicht fertig mit Malen. Da sollte ich dranbleiben. Nach dem Malen gibt es noch

Überstunden mit Eierverstecken. Es sind dieses Jahr besonders viele. Kasperle, willst du mir nicht dabei helfen?

Kasperle •• Oh ja, ich komme gleich nach. Ich regle das hier mit den Schokoladeneiern, dann bin ich bei dir.

Hase •• *(zum Publikum)* Tschüß, Kinder! Bis Ostern! Vielleicht seht ihr mich dann, wenn ihr ganz schnell schaut. Tschüüß! *(geht ab)*

Kasperle •• *(zum Hasen)* Tschüß, Osterhase, bis nachher! *(zu sich selbst)* Ach, der liebe Osterhase, wenn wir den nicht hätten, müssten wir unsere Eier glatt selber verstecken. *(zum Publikum)* Und, wer von euch ist das älteste Kind? Komm mal bitte her! Wie heißt du denn?

(Kind kommt heran und antwortet.)

Kasperle •• *(Name des Kindes)*, kannst du die Eier bitte nach der Vorstellung an die anderen Kinder verteilen? Danke schön! Und ich, ich helfe jetzt dem Osterhasen. Wenn ich dann fertig bin und nach Hause gehe, hat die Gretl bestimmt für mich auch etwas versteckt. Dann suche ich auch, ... Nester mit Würschteln! Da freue ich mich drauf. Und Ferien beginnen ja auch bald. Hmm, aber wenn Ferien sind, dann sind die Kinder nicht da. Hmm, und wenn sie nicht da sind, dann können sie hier auch keine Nester suchen. Hmm. Ah, jetzt weiß ich auch, warum der Osterhase so schnell abgezischt ist! Der will euch bestimmt noch eins, zwei, fünf ... oder viele Nester verstecken, bevor alle Kinder weg sind. So ein Schlawiner, der Osterhase! Hmm. Aber wenn die Kinder Ferien haben, dann will ich auch in Urlaub gehen. Dann helfe ich jetzt dem Osterhasen und mache anschließend auch Ferien.

(zum Publikum) Also, tschüß Kinder! Bis bald einmal! Frohe Ostern und lasst euch die Eier schmecken! Tschüüüß!

(geht singend ab) Tri tra trullalla ...

(Vorhang zu)

Kasperle im Weltall

Kasperle verdüst sich mit dem Fahrrad auf der Fahrt zum Jupiter im Weltraum und verliert bei der Landung auf dem Planeten Lutschiter sein Düsenfahrrad. Hier erlebt er einige Abenteuer. Wie gelingt es Kasperle wohl, wieder zurück zur Erde zu gelangen?

Hintergrund-Bild

neutraler Hintergrund, beispielsweise ein unifarbener

Spielfiguren

Kasperle; Zuckerschlucker Lutscherflutscher (riesiger Lutscher oder Socke, an dem Lutscher angeklebt ist); Luziguzi (zwei kleine Orangenfrucht-Bonbons auf einen Fingerhandschuh geklebt)

Requisiten

Planet Lutschiter (runder Pappkreis, der vorne an das Kasperletheater gehängt wird und mit Süßigkeiten beklebt ist. Bis zur Landung von Kasperle auf dem Planeten mit einem Tuch abdecken.); Pups-Pulver (eine Tüte Brausepulver, die um den Hals von Kasperle gehängt wird); Düsenfahrrad (aus Holz ausgesägt, auf Stock geschraubt, eine Wunderkerze als Turbo angeklebt); Tröte; Feuerzeug; Zuckerschüssel; Luftballon zum Knallen; Nadel; Konfetti; verschiedene Süßigkeiten (beispielsweise Bonbons, Lutscher, Zuckerwatte, Lakritze); Kasperles dicker Bauch (Luftballon, an dem ein Schlauch befestigt ist. Daran ist ein Schwimmflügel-Ventil zum Schließen angebracht)

Auf dem Weg zum Jupiter

(Planet Lutschiter hängt noch verdeckt vorne am Kasperletheater, Vorhang ist geschlossen, Kasperle tritt dazwischen hervor, eine Tüte Pups-Pulver hängt um seinen Hals.)

Kasperle •• *(zum Publikum)* Seid ihr alle da? Ja? Dann schreit einmal „Hurra!"

(Kinder schreien.)

Kasperle •• Ich bin der Kasperle und bin wieder da! Haha, hallo Kinder. Jetzt machen wir erst einmal den Vorhang auf. *(zieht Vorhang auf)* So, ich habe heute etwas ganz Besonderes vor. Wisst ihr was? Haha, ja ich, ich fliege heute weit hinaus. Nein, nicht auf die Nase ... ganz weit hinauf, sozusagen. Nämlich ins Weltall. Auf einen Stern. Oder richtig gesagt, auf einen Planeten. Nicht auf irgendeinen unbedeutenden, kleinen, sondern auf den größten Planeten in unserem Sonnensystem, auf den ..., wer weiß es?, ... Jupiter. Jawohl! Dahin düse ich. Wollt ihr mich begleiten?

(Kinder antworten.)

Kasperle •• Ja? *(frohlockt)* Hihihi!, ihr könnt aber gar nicht. Ellabätsch! Oder habt ihr vielleicht ein Düsenfahrrad? Nein? Ich schon. Ich düse mit meinem Düsenfahrrad zum Jupiter! Ich erzähl euch dann, wie es dort so aussieht, ja? Jetzt hol ich erst einmal meinen Feuerstuhl ...

(geht singend ab) Und ich düse, düse, düse ...

(Kasperle kommt mit dem Fahrrad zurück.)

Kasperle •• So, da ist es, mein Fahrrad mit Düsenantrieb. Ich hab noch immer keine Glocke und Bremse daran. Aber ich denke, im Weltall sausen auch keine Schutzmänner umher, die mich kontrollieren wollen. Ich habe sogar noch etwas daran getüftelt. Ich habe nämlich einen Turbo-Beschleuniger mit eingebaut! *(zum Publikum)* Haha, da guckt ihr, was? Da hinten, seht ihr? *(zeigt auf die Wunderkerze, erklärt dem Publikum die Technik)* Und den zünde ich zuerst, dann den Knopf drücken *(aus dem Off ertönt Tröte)*, und dann geht es los! Hoffentlich verfranse ich mich nicht unterwegs. So etwas wie eine Landkarte zum Jupiter habe ich zu Hause nicht gefunden. Na, ich werde schon irgendwo ankommen.

(zum Publikum) So, könnte bitte jemand von den Erwachsenen meinen Turbo-Beschleuniger zünden? Nicht, dass ich selber noch zünde! *(Erwachsener zündet Wunderkerze an.)* Jetzt bräuchte ich bitte noch die Raketen-Unterstützung von euch, Kinder! Die geht so: Ihr stampft zuerst mit den Füßen auf den Boden und dann klatscht ihr mit den Händen, nur als Starthelfer sozusagen.

(Kinder geben Starthilfe.)

Kasperle •• Danke schön ..., dann den Knopf drücken *(aus dem Off ertönt wieder Tröte)* ..., drei, zwei, eins, wwwwwouw. Tschüüüß ...

(fliegt davon)

Landung auf Lutschiter

(Planet Lutschiter ist jetzt abgedeckt, Kasperle aus dem Off)

Kasperle •• Achtung, Achtung, in wenigen Sekunden werde ich landen, mein Sprit ist aus …

(Kasperle landet, verliert sein Fahrrad.)

Kasperle •• Ach, du blendender Planet, jetzt ist mein Fahrrad futsch. Wie komme ich dann bloß wieder nach Hause? *(zum Publikum)* Ja, Kinder, ihr seid ja auch alle da. Wie seid ihr so schnell hier gelandet? Habt ihr vielleicht heimlich euer Düsenfahrrad aus der Hosentasche gezogen und seid mir gefolgt?

(Kinder antworten.)

Kasperle •• Ja? … Nein? … Ja, könnt ihr hexen? Ihr seid ja ganz raffinierte Kinder. Wo sind wir denn hier? Ist das wirklich der Jupiter? Habt ihr schon irgendwelche Lebewesen gesehen? Hier sieht alles so zuckerig aus … *(schnüffelt)* Es riecht auch so süß … *(schleckt)* Oh, es schmeckt auch so, wie es riecht und aussieht. Hmm … Hier scheint alles aus Zucker und Schleckereien zu sein. Entweder ich habe mich ganz gravottisch verdüst oder der Jupiter ist ein ganz süßer Planet. Mmmh, … lecker-schmecker! Oh, ich glaub, da kommt jemand!

(Lutscherflutscher tritt auf.)

Lutscher •• Mampf, schleck, … essen, fressen, schlecken, schmecken, ich esse alles auf … schleck.

Kasperle •• Hallo, wer bist du denn? Ich bin der Kasperle, wo bitte schön bin ich denn hier gelandet?

Lutscher •• Mampf, schleck … Was bist du? Ein Kasperle aus Schokolade? *(leckt am Kasperle)* Schleck, spuck …, pfui Teufel, wer hat dich denn gezuckert? *(schüttelt sich)* Wäh, brrrrrr … aus der Bahn, … weg da! *(schubst den Kasperle weg)* Schleck, schleck, mampf, bald bin ich der Oberlutscher *(geht ab und aus dem Off hört man noch)* Essen, fressen, schlecken, schmecken …

Kasperle •• Hey, ja so etwas! Kann der nicht aufpassen? … Brrrrrr, was war denn das? Ein Riesenlutscher, der alles zusammenlutscht! Der hat sogar an mir probiert. *(schüttelt sich)* Igitt, so eine lange Zottel-Zunge! Ich bin doch kein Zucker-Kasperle! Komische Gestalt! Ob hier alle so unfreundlich sind? Ich erkunde mal vorsichtig die Umgebung ...

(geht suchend umher)

Kasperle und Luziguzi

(Luziguzi tritt auf, ohne Kasperle zu bemerken. Kasperle steht mit dem Rücken zu Luziguzi.)

Luzi •• *(singt)* Alle meine Zuckerstangen,
sind schon ganz weit fortgegangen.
Die Lakritze, die ist Spitze,
Kaugummi ist weg, ach ja, so ein Schreck!
(geht ab, kommt singend wieder)
Ich bin hier allein geblieben,
lasse mich nicht unterkriegen,
bleibe auf der Hut,
dann geht es mir auch gut!
(geht ab)

Kasperle •• *(zum Publikum)* Ich hab niemanden gesehen, ihr vielleicht ...?
(Kinder antworten.)

Kasperle •• Aha ...
(Luziguzi kommt zurück, erschrickt, als es den Kasperle sieht, und verschwindet gleich wieder.)

Kasperle •• Halt, bleib doch da, ich tu dir doch nichts! Ich bin doch nur ein harmloser Kasperle.
(Luziguzi kommt vorsichtig zurück.)

Luzi •• Was bist denn du für ein komischer Schokoladen-Kasperle? Gehörst du vielleicht zum Zuckerschlucker Lutscherflutscher? Ich, ich bin Luziguzi, ein einfaches Orangen-Fruchtguzi.

Kasperle •• Zuckerflutscher Lutscher-wer? Wer soll denn das sein?

Luzi •• Na, der Riesen-Lolli-Lutscher, der alles aufschleckt.

Kasperle •• So ein grober, bunter, hungriger, runder Riesenlutscher mit zotteliger Zunge?

Luzi •• Jawohl, genau der! Gehörst du zu dem?

Kasperle •• Nein, gehöre ich nicht. Ich komme von der Erde und bin hier mit meinem Düsenfahrrad auf dem Jupiter gelandet. Der Sprit ist mir ausgegangen und ...

Luzi •• *(unterbricht)* Halt, halt, halt! Das ist nicht der Jupiter, das ist der Lutschiter, Jupiters Schwester. Hier ist alles aus Zucker und Schokolade und aus allem, was klebt und zum Schlecken ist.

Kasperle •• *(überrascht)* So etwas! Der Lutschiter! Haben wir uns also doch verfranst. *(zum Publikum)* Und die Kinder sind auch falsch gedüst. Sonst wärt ja wenigstens ihr auf dem Jupiter gelandet. Oder wolltet ihr gleich schon auf den Schluziter, ähm, ich meine, Lutschiter? Bestimmt! Hier ist ein Paradies für Kinder! Lauter süße Schleckereien! Darf ich hier ein bisschen lutschen?

Luzi •• Du kannst an mir probieren.
(Kasperle probiert an Luziguzi)

Kasperle •• Oh, lecker ..., schleck, schleck ... Du schmeckst ja ganz besonders fruchtig-orangelig.

Luzi •• Hihihi, das kitzelt. Nicht so fest ... Hihihi, du lutscht mich gleich weg.

Kasperle •• Oh, entschuldige, das wollte ich natürlich nicht. Aber du bist halt sooo lecker. Was ist eigentlich mit diesem riesigen Zuckerlutscher Schluckerflutscher? Wer ist das? Der ist ganz schön unfreundlich! *(zum Publikum)* Nicht wahr, Kinder?

Luzi •• *(aufgeregt)* Wir hier auf dem Lutschiter werden schon seit längerem vom Zuckerschlucker Lutscherflutscher tyrannisiert. Er war immer ein netter kleiner Lolli-Lutscher. Aber eines Tages bekam er einen Rappel und er aß und aß und aß und aß ... alles auf, was ihm zwischen die Zunge kam. Und er wurde immer größer und größer und mächtiger und mächtiger. Meine Freunde, die Zuckerwatte und die Marzipankugel, hat er schon, ratziputz, mit Haut und Haaren weggeschleckt! Auch meine kleinen Schwestern, die Mini-Guzis, sind verschwunden. Er möchte gern der einzige und größte Oberlutscher sein hier und alle kleinen Lollis und Guzis wie mich kontrollieren und kommandieren. *(traurig)* Dabei ist kommandieren doch langweilig. Und kommandiert werden erst recht.

Kasperle •• Aber wenn der Riesen-Zuckerlutscher alles auffuttert, ist er doch ganz alleine auf eurem Planeten. Das nützt ihm doch dann auch nichts! Wer will schon allein auf einem pappigem Planeten Oberlutscher sein? Also, ich nicht. *(zum Publikum)* Ihr vielleicht, Kinder? Nein, auch nicht, nicht wahr? *(Kinder antworten.)*

Luzi •• Darum wollen wir ihn auch loswerden, bevor es so weit kommt und alle Schleckereien im Schlund des Zuckerschlucker Lutscherflutscher landen. Aber ich, ich kann ihn doch nicht tot lutschen. Der ist viel zu groß! Da wird sogar mir vorher schlecht. Üääääh! Das kann ich nicht. Und die anderen Zuckerstücke und Schokoladeneier sind viel zu ängstlich dazu ... Mhmhm, ja, ja ... *(überzeugt)* Aber wenn wir beide zusammen gleichzeitig mampfen, könnten wir es vielleicht doch schaffen!

Kasperle •• Nie und nimmer, Luziguzi! Mir wäre jetzt schon eher nach ein paar dicken Würschtel mit Senf! Bei sooo vielen Süßigkeiten mag ich gar keine mehr! Außerdem ist der dicke Lutscher viel zu groß. Den schlecken wir nicht einmal zu zweit weg nach einer Woche hungern! Da sollte uns schon was Vernünftiges einfallen! *(überlegt)* Hmmmm ... Aber was? Hmmm ... *(flüstert zu Luziguzi)* Du, Luziguzi, ... können Lutscher eigentlich pupsen?

Luzi •• Können Lutscher ... was?

Kasperle •• *(etwas lauter)* ... pupsen.

Luzi •• Was ist denn das?

Kasperle •• Na, pupsen, schnettern, Gas geben, es krachen lassen, die Rakete zünden, Heizung einschalten ...

Luzi •• Ich verstehe immer noch nicht ...

Kasperle •• Halt die Luft raus lassen ... *(zum Publikum)* Ach, Kinder, erklärt ihr doch bitte einmal ... *(Kinder erklären.)*

Luzi •• *(entsetzt)* Nein, ich glaube nicht! Solche Töne gibt es hier wirklich nicht. Wir sind hier auf dem Lutschiter, nicht auf der Erde!

Kasperle •• Das ist gut. Ich hab nämlich immer mein Pups-Pulver dabei. Das hat nur, und auch nur der Kasperle. *(zum Publikum)* Oder hat von euch noch jemand so ein Pulver?
(Kinder antworten.)

Kasperle •• Nein? Natürlich nicht, nur der Kasperle! Genau!

Luzi •• Und was soll das bitte schön sein, dieses Pups-Wunder-Pulver?

Kasperle •• Jetzt warte doch! Wir geben dem dicken Lutscher das Pulver, vermischt mit Zucker natürlich, damit er es nicht merkt. Dann bekommt er immer mehr Luft in seinen Bauch und mehr und mehr und mehr ... und dann ...

Luzi •• Und dann ...?

Kasperle •• Ja, dann platzt der dicke Zuckerbolle, und ihr seid ihn los!

Luzi •• Oh, genial! Das ist eine prima Idee! Und du meinst wirklich, das funktioniert?

Kasperle •• Hmm, ich weiß nicht ... Nur, wenn er nicht pupsen kann.

Luzi •• Also, ich kann das bestimmt nicht!

Kasperle •• Dann wird es der Rutscherlutscher auch nicht können.
(zum Publikum) Kinder sollen wir ihn platzen und schnalzen lassen? Ja? So richtig?
(Kinder antworten.)

Kasperle •• Dann los! Machen wir uns an die Arbeit! Du besorgst eine Schüssel besonders feinen Zucker und ich mische mein Pups-Pulver darunter.

Luzi •• Toll, ich hole gleich den besten Zucker, den wir hier auf unserem Planeten haben. Den haben wir kleinen Guzis geheim gehalten. Für eventuelle Notfälle sozusagen. Und das ist ja ein Notfall. Also, bis gleich! *(geht ab)*

Kasperle •• Ja, wo hab ich jetzt mein Pulver versteckt? Ah, hier um den Hals, wie immer. *(nimmt die Tüte Brausepulver in die Hände, lässt sie aber am Hals hängen. Luziguzi kommt mit einer Schüssel Zucker zurück.)*

Mit Pups-Pulver gegen Lutscherflutscher

Luzi •• Hier ist die Schüssel mit dem süßesten Puderzucker aller Zeiten.

Kasperle •• Prima, mein Pulver dazu ... *(schüttet Pubs-Pulver in die Schüssel)* Sooo, das dürfte, glaube ich, reichen. Ordentlich mischen ... Das Pulver hält die dickste Zuckerstange nicht aus. Fertig! Und wie bekommen wir diesen Kutscherblutscher nur hierher, ohne dass er etwas merkt?

Luzi •• *(entsetzt)* Ich kann ihn nicht rufen. Er wird Verdacht schöpfen und mich mit einem Lutsch wegschlecken! Aber du oder die Kinder, ihr könnt ihn vielleicht herlocken!

Kasperle •• *(schüttelt sich)* Igitt, igitt, ich möchte nicht noch einmal von seiner dicken zotteligen Zunge abgeleckt werden. Du bringst dich erst einmal in Sicherheit, Luziguzi. Versteck dich einmal!

(Luzi geht ab.)

(zum Publikum) So, und wir rufen alle zusammen „allerbester Zucker", und dann verstecke ich mich auch.

(Kasperle versteckt sich, ruft aus dem Off mit den Kindern.) Allerbester Zucker ..., lauter ..., noch lauter ...

(Lutscherflutscher kommt.)

Lutscher •• Wo ist der lecker-schmecker Zucker-Tucker? Ah, hier, eine ganze Schüssel voll feinstem Zucker, nur für mich, wie lecker. *(schreckt hoch zum Publikum)* Wer seid ihr denn? Wollt ihr mir vielleicht meinen schluzigen Zucker wegnaschen?

(Kinder antworten, Lutscherflutscher hält schützend den Körper vor die Zuckerschüssel.)

Lutscher •• Da habt ihr euch aber sauber getäuscht! Hier auf dem Lutschiter bin ich der Oberlutscher. Alle Süß- und Klebrigkeiten müssen mir gehorchen. Seid ihr auch süße Kinder, ja?

(Kinder antworten.)

Lutscher •• Na, ob das nicht nur eine Ausrede ist? *(zu einem Kind im Publikum)* Du da, da hinten, komm mal her zu mir. *(Kind kommt heran.)* Näher, ... noch näher. *(Lutscher schleckt am Kind entlang und kitzelt es, spuckt aber dann aus.)* Pfui Teufel, du siehst zwar süß aus, schmeckst aber doch recht bitter. Nicht gerade zum Vernaschen!

Da bleibe ich lieber bei meiner schleckigen Zuckerschüssel. *(schadenfroh)* Nicht wahr, da würdest du gern probieren? Aber ich lass dich nicht, nein, ich teile nicht. Kannst dich schon wieder hinsetzen. Brauchst gar nicht so hungrig auszusehen. *(Kind setzt sich, Lutscher stürzt sich dann wieder intensiv auf die Schüssel)* Schleck, mampf ...

(aus dem Off knallt Luftballon, Konfetti, Bonbons, Lutscher, Zuckerwatte, Lakritze fliegen durch die Luft auf die Bühne. Kleine Pause, in der Kasperles „dicker Bauch“ am Handgelenk festgeklebt wird. Der Luftballon sollte sich unter dem Handpuppen-Stoff auf Höhe vom Kasperle-Bauch befinden.)

Mit Pups-Pulver nach Hause

Kasperle •• *(aus dem Off)* Kinder, hat's ihn verrissen? Ja? Ganz und gar? Komplett mit Stumpf und Stiel? Ja? Ist nichts mehr übrig von diesem Zuckerflutscherschleckmichweg? Dann können wir aus unserem Versteck herauskommen, oder?

(Kasperle mit noch flachem Bauch und Luzi treten auf.)

Luzi •• Hurra, hurra, meine kleinen Schwestern, die Mini-Guzis, sind wieder da! Hurra, hurra! Danke, lieber Kasperle. Danke, liebe Kinder. Danke.

Kasperle •• Boah, schau mal, Luziguzi, was für eine Sauerei! Was der Riesen-Rutschlutsch so alles vernascht hat! Alles liegt hier herum: Guzis, Lutscher, Zuckerwatte, Lakritze, alles ..., nur ... hmm ..., nur keine Würschtel! Ich armer Tropf, nicht ein einziges, winziges Würschtel! Ich kann diese süßen Sachen bald nicht mehr sehen! Brrr, wie schaurig ... Etwas Deftiges, das wär's doch jetzt.

Luzi •• Ach, Kasperle, du sprichst in Rätseln. Was heißt denn das schon wieder: deftig?

Kasperle •• Ach, ich glaube, das könntest du gar nicht verstehen. Wenn ich den Planeten so anschaue, hast du gar keine Vorstellung, wie herrlich Würschtel mit Sauerkraut schmecken können.

Luzi •• Ich sehe schon, dich treibt es wieder nach Hause, Kasperle, nicht wahr?

Kasperle •• *(traurig)* Jetzt, wo du es sagst. Ja, ich möchte schon, aber ich kann gar nicht. Mein Fahrrad mit Düsenantrieb ist verloren gegangen. Das hat es bei der Landung weggeschleudert. Und eine Rakete hab ich auch keine dabei.

Luzi •• Aber, Kasperle, du hast doch noch dein Pups-Pulver.

Kasperle •• Ja klar, mein Pups-Pulver ... Aber, wie bitte schön, soll ich damit nach Hause kommen? Soll ich mich nach Hause pupsen?

Luzi •• Na, ist doch lutschig. Du isst selber von dem geheimnisvollen Pulver und pupst einfach nicht. Dann hast du so viel Luft im Bauch, bis du abhebst und wie ein Ballon nach Hause fliegen kannst.

Kasperle •• Au ja, und wenn ich zu viel Pulver erwischt hab, lass ich einfach Luft aus meiner Düse, dann kann es mich nicht zerreißen. Genau! Hoffentlich lasse ich nicht zu viel Luft wieder heraus, sonst heb ich nämlich erst gar nicht ab! Das probieren wir gleich einmal aus. Ach, ich hab mich noch gar nicht bei dir verabschiedet. Liebes Luziguzi, leb wohl! Wer weiß, ob ich euch je wieder hier besuchen kann? Wenn ja, bringe ich dir auf jeden Fall ein dickes, fettes, saftiges Würschtel mit, das verspreche ich dir.

Luzi •• Oh, Kasperle, noch einmal vielen Dank! Du hast uns alle von diesem grauseligen Zuckerschlucker Lutscherflutscher befreit. Jetzt können wir hier endlich wieder friedlich fröhlich dahinzuckern. Leb auch du wohl und komm heil wieder auf deiner Erde an! Ach, Abschied fällt mir immer so schwer. Oh, lieber Kasperle, kannst du nicht hier bleiben, bei uns?

(Beide umarmen sich.)

Kasperle •• Oh nein, mir fehlen doch so meine Würschtel! Ohne die bin ich doch nur ein halber Kasperle. Wenn ich bloß dran denke, läuft mir schon das Wasser im Mund zusammen! Ach, ich muss nach Hause. Also, servus! *(umarmen sich noch einmal)* Luzi, geh lieber in Deckung, nicht dass es mich auch noch verreißt und ich dir um die Ohren fliege! So, wo hab ich bloß mein Pups-Pulver hingetan? Jetzt find ich es nicht mehr! *(zum Publikum)* Kinder, habt ihr es vielleicht gesehen?

(Kinder antworten: „Um den Hals".)

Kasperle •• Ach, jawohl, genau, danke schön Kinder!
Also, eine Portion Pups-Pulver *(nascht von der Tüte)* ... Silencium, ich konzentrier mich jetzt, dass mir nicht aus Versehen einer entwischt ...
(Den Ballon am Handgelenk aufblasen und Ventil schließen, Kaspele hat jetzt einen dicken Bauch.)

Kasperle •• Auf geht's, nach Hause!
(geht ab, gibt akustisch Gas mit Sprudeln, Vorhang zu, kommt hinter der Bühne vor)

Kasperle •• Ach, Gott sei Dank, ich bin wieder zu Hause. Ja, bin ich froh!
(zum Publikum, erstaunt) Hallo Kinder, ... wie kommt jetzt ihr so schnell wieder hierher? Ihr wart doch gerade noch bei Luziguzi auf dem Lutschiter. *(zeigt in die Höhe)* Oh, schaut mal, ich sehe ihn, gleich neben Jupiter, ihr auch?

Kleiner Drache Spucknicht

Der Räuber Stinkefuß stiehlt dem lieben Drachen Spucknicht seinen Schatz und das geheimnisvolle Drachenkraut. Und auch die Hexe Letzterbeißer ist hinter der Beute her .... Wird es Kasperle gelingen, beides dem Drachen zurückzubringen?

Hintergrund-Bild
Wald

Spielfiguren
Vogel Siebengscheit auf einem Stock; Drache Spucknicht; Räuber; Kasperle mit einem aus einem Stöckchen geschnitzten Schwert; Hexe

Requisiten
aus Pappe angefertigter Baum mit Drachenhöhle zum Aufhängen; Knüppel (beliebiger Stock); Drachenkraut (kleine Pflanze); Sack mit Schatz (später werden Süßigkeiten an die Kinder verteilt, die als Schatz im Sack waren); Zaubertrank (kleine Flasche); Suppentopf (Blechdose); Trillerpfeife, an einer Schnur befestigt

Drache Spucknicht hat Geburtstag

(Baum mit Drachenhöhle ist aufgehängt, Vorhang ist geöffnet.)

Vogel •• Kra, kra, Spucknicht.

Drache •• *(aus dem Off, schnarcht in der Höhle)*

Vogel •• Sapperlott. Kra, kra, der schnarcht doch glatt noch. Hihihi! Kinder, helft ihr mir, den Drachen zu wecken? Dann machen wir jetzt einen Mordskrach. *(schleicht an die Höhle und macht mit den Kindern Krach, lacht und fliegt wieder auf den Baum)*

Drache •• *(kommt ganz verstört heraus)* Oha ..., wa, wa, was ist denn passiert?

Vogel •• Kra, kra, guten Morgen, Spucknicht.

Drache •• Ach, Siebengscheit, du warst das! Musst du mich so scheußlich wecken?

Vogel •• Wecken? Am feierigen Heutetag kannst du doch nicht schlafen. Hast du es tatsächlich vergessen?

Drache •• Was, vergessen wie, ja heute ist ein schöner Tag, glaub ich.

Vogel •• Ja, kra, kra, natürlich ist heute ein schöner Tag. Aber diesen Tag gibt es nur einmal im Jahr, bei Drachen zweimal.

Drache •• Himmel, ich sollte heute Zähne putzen!

Vogel •• Nein, ganz etwas Tolles.

Drache •• Jetzt weiß ich es! Heute ist Ostern!

Vogel •• Ostern, kra, kra, nein. War doch erst.

Drache •• Ja, rumpelpumpel, was ist denn dann Besonderes am heutigen Tag?

Vogel •• *(singt nach der Melodie von „Happy Birthday to You")*
Happy birthday to you,
Marmelade im Schuh,
Aprikose in der Hose ...

Drache •• *(unterbricht)* Oha, ich bin heute ein Geburtstagskind. Zweimal im Jahr haben Drachen Geburtstag. Das ist schon etwas Besonderes!

Vogel •• Und ich habe auch ein Geschenk für dich, kra, kra.

Drache •• *(aufgeregt)* Was, sag schon, wo ist es denn, was ist es?

Vogel •• Hier oben, kra, kra, bei mir in meinem Nest. Aber du musst es dir selber abholen. *(fliegt nach oben, hakt sich dort ein)*

Drache •• Das hole ich mir. Ich komme ... *(will auch nach oben klettern, aber ohne Erfolg)* Ach, es geht nicht. Warte, ich besorge etwas zum Hochklettern. *(Geht in die Höhle ab, Vogel sitzt oben im Baum.)*

Räuber Stinkefuß raubt die Drachenhöhle aus

(Räuber tritt auf.)

Räuber •• *(schnüffelt)* Hier riecht es doch nach Drachen! Wenn hier Drachen sind, dann gibt es bestimmt auch einen Schatz. Drachen bewachen nämlich immer einen Schatz. Aber, wo ist er denn? Ah, hier könnte es reingehen. Da nehme ich mir einen Knüppel mit. *(hebt einen Stock auf)* Man weiß nie! *(verschwindet in der Höhle, Geschepper)*

Vogel •• Oje, oje, oherminje, jetzt ist die Höhle in den Räuber geschlichen, kra, kra. Hoffentlich passiert Spucknicht nichts! Der ist doch so ein lieber Drache!

Drache •• *(schreit aus dem Off)* Halt, nicht das Kraut! Du kannst alles haben, nur nicht das Kraut ...

(Räuber kommt aus der Höhle mit dem Drachenkraut)

Räuber •• Hahaha, ich hab etwas ganz Besonderes gezwickt! Der Drache wollte es nicht hergeben. Seinen ganzen Schatz wollte er tauschen gegen das Kraut. Es ist bestimmt ein Zauberkraut. Hahaha, das werde ich schon noch herausfinden. Hahaha.

(Räuber geht ab. Drache kommt jammernd aus der Höhle.)

Drache •• Mein Drachenkraut, mein Drachenkraut. Siebengscheit, der Räuber Stinkefuß hat mein Drachenkraut geklaut. Dabei hilft es ihm doch gar nichts!

Vogel •• Hat er alles mitgenommen, kra, kra?

Drache •• Ja, alles, nichts ist mehr übrig. Das Drachenkraut brauche ich doch. Drachen müssen es fressen, wenn sie krank sind. Das ist wie Medizin bei den Menschen. Aber Menschen können mit dem Kraut nichts anfangen. Wenn sie es einnehmen, dauert es eine Weile, bis es wirkt, dann müssen sie gaaaaaanz oft aufs Klo! Aber der Räuber dachte, ich schwindle ihn an, und es wäre ein Zauberkraut. Heidenei, dabei wächst der Strauch nicht überall. Es ist sehr selten! *(verzweifelt)* Oh, was mach ich bloß, was mach ich bloß? Dann macht der Räuber in die Hose!

Vogel •• Dann haben wir zwei Möglichkeiten, kra, kra: Wir suchen das Kraut und holen den Räuber ... oder wir suchen den Räuber und holen das Kraut.

Drache •• *(schnieft)* Ja, aber ich weiß nicht, wo der Räuber wohnt. Außerdem ist er doch so stark, da hab ich schon Angst. Wenn der mich haut, oder noch schlimmer, mich erschrickt?

Vogel •• Wir müssen uns ja nicht gleich entscheiden. Jetzt machen wir erst einmal Brotzeit, kra, kra. Und dann lassen wir uns etwas einfallen.

Drache •• Du hast recht, mit vollem Bauch denkt es sich besser

(Vogel und Drache gehen in Höhle ab. Räuber tritt auf.)

Räuber •• Ha, mit dem Unkraut kann ich nicht allzu viel anfangen. Das ärgert mich. Aber der Drache hatte noch einen wunderschönen Schatz. Den hol ich mir jetzt auch noch. Hähähä ... *(geht in die Höhle, Geschepper, kommt mit einem Sack wieder heraus.)*

Hähä, hat sich gelohnt! Einen Sack voll Schatz! Da werde ich in meiner Räuberhöhle eine Weile zählen müssen!

(zum Publikum) Hähähä, Kinder. Ihr habt mich nicht gesehen und gehört. Ist das klar? Hähähä ...

(Geht ab, Drache und Vogel kommen wieder aus der Höhle hervor.)

Drache •• *(jammert)* Jetzt hat er auch noch meinen Schatz gestohlen! Was soll ich dann noch bewachen? Mein Drachenkraut ist futsch, mein Schatz ist futsch! Und ich werde es so bald auch nicht wiederbekommen. Jetzt kann ich nur noch auswandern. Und das an meinem Geburtstag!

Vogel •• So ein Mist! Kra, kra. Hm, da war doch noch ..., hei, na klar, der Kasperle, der könnte uns doch aus der Patsche helfen. Und der hat doch vielleicht sogar auch ein Schwert. Vielleicht, kra, kra, kann der dir deine Gestohligkeiten zurückbringen. *(setzt sich wieder oben in den Baum)*

Drache •• Siebengscheit, du hast recht! Der Kasperle weiß auch immer einen guten Rat. Hmm ..., aber wo finde ich den? Der ist überall und nirgends. Vielleicht rettet er gerade eine Prinzessin. Oder er ist wieder zu Hause in der Schweiz.

(zum Publikum) Hmmm ... Kinder, ruft ihn doch bitte einmal ganz laut, vielleicht hört er es: Kasperle ...

(Kinder rufen nach Kasperle. Kasperle mit Schwert um die Hüfte tritt auf. Kasperle spricht mit Schweizer Akzent.)

Kasperle will Räuber Stinkefuß fangen

Kasperle •• Grüezi, alle miteinander! Wer ruft mich, wer steckt in Not oder wen kann ich necken? Ah, hallo Spucknicht. Mir war, als hätte mich jemand gerufen. Warst du das?

Drache •• Ja, stell dir vor, der Räuber Stinkefuß hat meine ganze Höhle leer geräumt. Das Schlimmste aber ist: Sogar mein Drachenkraut hat er mitgenommen!

Kasperle •• Ach du liebe Zeit! Das Drachenkraut? Das brauchen Drachen doch als Medizin, wenn sie krank sind.

Drache •• Ja, genau. Und wenn ich den Räuber suche ... Ach, der ist doch so gefährlich! Da fürchte ich mich so. Und freiwillig wird er mir das Kraut nicht geben! *(jammert)* Ich wandere aus, das ist das Einzige, was mir übrig bleibt ...

Kasperle •• *(tröstend)* Na, na, so schlimm wird es schon nicht sein. Ich bin doch dein Freund. Die Kinder und Siebengscheit doch auch.

Gemeinsam werden wir schon einen oder zwei, fünf Auswege finden. *(zu sich selbst)* Hm, .. wo kann denn der Räuber hin sein? ... Bestimmt in den Wald, in seine Räuberhöhle. Den kitzle ich ein bisschen mit meinem Schwert *(zeigt auf sein Schwert)*, dann wird er mir das Kraut bestimmt gerne geben.

Drache •• Oh, das wäre ja drachenmäßig feuerspruzlig! Du bist schon ein toller Kasperle.

Kasperle •• *(zum Publikum)* Nur, damit ich Bescheid weiß, Kinder. War der Räuber allein oder war da noch irgendein Schlagauner mit dabei? *(Kinder antworten.)*

Kasperle •• Aha, soso, alleine also. Hm ..., in welche Richtung ist denn der Räuber verschwunden, hier oder da drüben lang? *(Kinder antworten.)*

Kasperle •• Dann nichts wie hinterher. Ich komme bestimmt bald wieder, Spucknicht. Bis dann. *(geht ab)*

Drache •• Bis dann, lieber Kasperle. Pass auf dich auf! Oh, Siebengscheit, unser Kasperle bringt mir bestimmt das Kraut zurück. Dann kann ich vielleicht doch hier bleiben.

Vogel •• Ja, ja, kra, kra. Der Räuber Stinkefuß wird schon den Kasperle schnappen ... *(Beide gehen ab.)*

Hexe Letzterbeißer ergaunert das Drachenkraut

(Kleine Pause, Drachenhöhle abhängen. Räuber sitzt mit Kraut und Schatz da und zählt.)

Räuber •• Einunddrelfzig, zweiunddrelfzig, dreiunddrelfzig ... *(freut sich)* Hähähä, eine tolle Beute habe ich da ergattert. *(entdeckt die Kinder und will sie abwimmeln)* Hm, Kinder, das ist nichts für euch, gscht, gscht ... Mir soll keiner beim Zählen zuschauen. *(zu sich selbst)* Aber das Kraut, was es wohl damit auf sich hat? Soll ich es einfach einmal ausprobieren? Vielleicht hilft es ja bei meinen Stinkefüßen? Schaden wird es schon nicht. *(probiert das Kraut)* Hmm, .. *(schnüffelt an den Füßen)* meine Füße muffeln immer noch ... Etwas mehr von dem Kraut ... Tja, viel anders fühle ich mich auch nicht, und *(schnüffelt noch einmal an seinen Füßen)* besser riechen, phüüüüü, tut es auch nicht. Wertloses Kraut, das kann ich nicht gebrauchen! *(legt Kraut weg)* Zehnundsiebzig, elfundsiebzig, zwölfundsiebzig ...

(Hexe tritt auf mit Zaubertrank in Reichweite, das aber für das Publikum unsichtbar ist.)

Hexe •• Hallo Räuber Stinkefuß. Na, wieder mal einen Schatz geborgen? *(entzückt)* Ja, was sehen meine Kulleraugen da? Ist das nicht ein Drachenkraut?

Räuber •• Ja, ja, das echte Drachenkraut sogar. *(flüstert zum Publikum)* Die alte Hexe weiß nicht, dass es wertlos ist, höhöhö.

Hexe •• *(scheinheilig)* Was willst du für das Kräutlein? Ich möchte es dir abkaufen.

Räuber •• Das ist kein Kräutlein, sondern ein ausgewachsenes Kraut. Und es ist teuer, sehr teuer.

Hexe •• *(ungeduldig)* Ja, ja, nun sag schon, was willst du dafür?

Räuber •• Ein zuverlässiges Stinkefuß-Mittel. Meine Füße sollen endlich einmal nicht nach altem Käse, sondern vielleicht, ähm ..., nach Veilchen duften. Hast du so etwas?

Hexe •• Aber natürlich, natürlich. Was eine echte Hexe ist, hat immer ein solches Elixier dabei. *(holt Zaubertrank und stellt es dem Räuber hin)* Hier schau ... Nun gib mir endlich das Kräutlein!

Räuber •• Halt, nicht so schnell. Trinkt man dein Wundermittel oder reibt man es ein?

Hexe •• Einreiben natürlich. Aber vorher Füße waschen, sonst hilft es ganz schlecht. Jetzt gib mir endlich das Kraut!

Räuber •• *(schüttelt sich)* Brrrr, Füße waschen ... Geht das nicht anders? Brrrr, ausnahmsweise ... *(Räuber übergibt Hexe das Kraut.)* Da, hier hast du die Pflanze, aber wehe dir, wenn dein Mittel nicht wirkt!

(Hexe nimmt das Kraut.)

Hexe •• *(hocherfreut)* Endlich hab ich dich. Soooo lange suche ich dich schon, hihihi! *(geht ab)*

Räuber •• *(stolz)* Jetzt habe ich das Unkraut doch noch versilbert. Eingetauscht in ein hexenmäßiges Stinkefuß-Mittel, hahaha. Ich bin schon ganz schön schlau! Aber, *(krümmt sich)* ... auweh, mich

zwickt der Bauch! ... Ich glaube, ich muss mal ... Oha, aber schnell jetzt, sonst hab ich die Hosen voll.
(Geht ab. Schatz bleibt auf der Bühne. Kasperle tritt auf.)

Kasperle bringt den Schatz an sich

Kasperle •• Ah, da drüben ist also die Räuberhöhle von Stinkefuß.
(zum Publikum) Aber Kinder, wo ist denn der Räuber hin?
(Kinder antworten.)

Kasperle •• Aufs Klo, oha. Ich höre es schon krachen! Dann hat er doch das Drachenkraut probiert, geschieht ihm recht! Und hier ist auch der Schatz von Spucknicht. Den nehme ich gleich mit. Schnell, bevor er wiederkommt. Aber, ... das Kraut, ich habe das Kraut nirgends gesehen.
(wieder zum Publikum) Himmeldings und rumsdibums, Kinder, was ist damit geschehen?
(Kinder antworten.)

Kasperle •• So, die Hexe Letzterbeißer hat es? Was sie bloß damit vorhat? Dann nichts wie hinterher. Wo ist die jetzt wieder lang geschlurft, da oder hier?
(Kinder antworten.)

Kasperle •• Hier meint ihr? Danke schön! Heute renne ich aber auch allen hinterher! Hoffentlich erwische ich sie noch rechtzeitig, bevor sie das Kraut zerschnipselt!
(Geht ab. Räuber kommt zurück, hält sich jammernd den Bauch.)

Räuber •• So ein Teufelskraut, dieses Drachenkraut. Durchfall hab ich, aber wie! Und der Bauch zwickt! Aber wenigstens hab ich es eingetauscht in einen Zaubertrank. Jetzt zähle ich meine Beute ... Nanu, wo ist denn mein Sack? *(schreit)* Mein Sack ist weg! Das war bestimmt diese runzelige Hexe. Hätte ich mir doch denken können. Keine Ehrlichkeit mehr unter Gaunern. Schlimm, schlimm!
(kurze Pause, Kinder erzählen.)

Räuber •• *(zum Publikum)* Nein? Die war es nicht? Kinder, dann wart ihr die Schlimmen und habt meinen Schatz versteckt? Sonst war doch keiner hier! *(Kinder antworten.)*

Räuber •• Was, ihr wart es auch nicht, ja wer denn dann?

(Kinder erzählen.)

Räuber •• Was, der lumpige lausige Kasperle? Hmm ... Der ist bestimmt schon über alle Berge. *(krümmt sich schon wieder)* Mist! Oh, ah, mich druckt es schon wieder. Jetzt aber schnell, bevor ich eine Spur hinterlasse ... Malofiz, heute geht aber auch alles schief. *(geht ab)*

Kasperle überlistet die Hexe Letzterbeißer

(Kleine Pause. Topf wird auf die Bühne gestellt. Hexe mit Drachenkraut tritt auf.)

Hexe •• *(spricht in Reimen)* Hihihi. Jetzt habe ich das Drachenkraut.
Der Räuber hat's für mich geklaut.
Ich reib es in den Trank hinein,
dann werde ich wunderschöööön sein!
Ich braue mir einen Trank zusammen, der mich hübsch und schön macht. Besonders meine Nase, die krumme. Mir hat nur noch das Drachenkraut gefehlt. Das gibt es nämlich nicht so oft. Eher selten. *(schadenfroh)* Aber der dumme Räuber gab es mir für eine kleine Flasche Seifenwasser. Hihihi, Füße waschen soll sogar bei Stinkefüßen helfen. Trallala, jetzt koch ich mir das Süppchen, dann hol ich mir ein Tröpfchen. *(summt vor sich hin, legt das Kraut neben den Topf, Kasperle tritt auf.)*

Kasperle •• Ha, du schrumpelige Hexe Letzterbeißer. Sieh mich flott mal ganz schnell an.

Hexe •• *(total erschrocken, springt zurück)* Hach, hast du mich erschreckt! Was willst du hier, du aufgeblasener Kasperle?

Kasperle •• Was wohl? Das Kraut natürlich. Es gehört dem Drachen Spucknicht und nicht dir.

Hexe •• *(desinteressiert)* Was schert es mich? Ich habe es dem Räuber abgekauft. Meins ist es! Ich habe es niemanden gestohlen! Bezahlt hab ich, jawohl, ehrlich bezahlt. Nun scher dich weg, bevor ich dich verzaubere!

Kasperle •• So ungeschoren und unrasiert kommst du mir nicht davon. Du gibst mir jetzt das Drachenkraut von Spucknicht zurück!

Hexe •• *(braust auf)* Ja, Himmel bim, bam, boria, jetzt werde ich aber wütend! Ich habe niemanden ... hoppala *(Hexe fällt mit dem Kopf in den Topf, der steckt dann auf dem Kopf.)*
Hiiilfe, ich ftecke feft! Hilfe, ich will hier rauf! Hilf mich fofort hier rauf! *(torkelt herum)*

Kasperle •• *(hämisch)* Dir steht der neue Topf-Kopf sehr gut! Aber ich helfe dir nur, wenn ich das Drachenkraut von dir bekomme.

Hexe •• Nein, neimalf. Hol mich jepft endlich da rauf, hier ift fo dunkel ...

Kasperle •• Wie gesagt, wenn ich das Kraut wiederbekomme ...

Hexe •• Grmbl... na fön, dann follft du ef halt doch haben. Aber nicht gerne. Mach fnell.

Kasperle •• Pass auf, ich komme jetzt. *(zieht am Topf)* Hau-ruck, hau-ruck! ... Du steckst ja ganz schön fest drin in deinem Hexentopf. Halt endlich still, dass ich dich herausbekomme. *(zieht noch einmal)* Noch einmal: hau-ruck, hau-ruck! *(Hält Topf in den Händen, Hexe fällt hin.)* Hoppala, jetzt hat's geklappt!

Hexe •• *(reibt sich den Kopf und jammert)* Aua! Oh, mein Fahn ist ganpf locker, mein lepfter Pfahn! Oh, wie ich mich fähme, da darf mich keiner fehen! Fnell weg fum Fahnarpft! Hoffentlich fieht mich keiner ... Waf für eine Fande, waf für eine Fande! *(geht schnell ab)*

Kasperle •• Das ging ja schnell, die arme Hexe! Jetzt wackelt ihr letzter Zahn. Ob der Zahnarzt ihr den auch noch rauszieht? Wer weiß, wer weiß. Wo hat sie denn das Kraut hingelegt? Hat sie es schon zu Salat verschnippelt? Nein? Ah, hier liegt es. *(hebt das Kraut vom Boden auf)* Nun aber schnell zu Spucknicht, der sorgt sich sicher schon. *(geht ab)*

Kasperle kehrt zurück

(Kurze Pause. Höhle von Spucknicht wird aufgehängt mit Trillerpfeife, die eingerollt am Ast befestigt ist. Drache und Vogel kommen auf die Bühne.)

Drache •• *(enttäuscht)* Ach, Siebengscheit, unser Kasperle ist schon so lange fort, hoffentlich ist ihm nichts passiert!

Vogel •• Ach, kra, kra, der holt doch bloß die Gestohligkeiten wieder!

Drache •• Ich bin nur so nervös wegen dem gefährlichen Räuber. Ach, mir würde das Drachenkraut schon reichen, den Schatz brauche ich eigentlich gar nicht. *(ungeduldig)* Wo der Kasperle nur bleibt? Wenn er in einen Graben gefallen ist und nicht mehr herauskommt?

Vogel •• Ein Kasperle fällt nicht in den Graben, kra, kra. Nur manchmal.

Drache •• Und wenn er ins Wasser geplumpst ist?

Vogel •• Nun hör schon auf, unser Kasperle plumpst nicht ins Wasser. Wenn, dann badet er höchstens ein bisschen, kra, kra.
(Vogel fliegt wieder nach oben und hängt am Baum. Kasperle tritt mit Drachenkraut und Sack auf.)

Kasperle •• Hallo Spucknicht, hallo Siebengscheit.

Drache •• *(erleichtert)* Na endlich, hallo Kasperle.

Kasperle •• Hier hab ich alles wieder mitgebracht. Den Schatz vom Räuber und das Kraut von der Hexe.

Drache •• *(erstaunt)* Was? Aber nun mal langsam. Wieso Hexe ...?

Kasperle •• Die Hexe hat dem Räuber das Kraut abgenommen, ich hab zuerst von dem Räuber den Sack geschnappt, dann von der Hexe Letzterbeißer das Kraut wieder zurückgenommen. *(zum Publikum)* Oder, Kinder, hab ich was vergessen? *(zum Drachen)* Ja, der letzte Zahn von der Hexe wackelt ... und der Räuber hat das Drachenkraut genascht und sitzt vermutlich schon wieder auf seinem Thron droben und lässt es ordentlich krachen, hihihi!
(Kasperle übergibt Drachenkraut an Drachen.)

Drache •• Hihihi, der arme Räuber Stinkefuß! Das Drachenkraut hält bei Menschen meistens zwei Tage an. Da wird er auf dem Klosett übernachten müssen! Und bei der Hexe Letzterbeißer, da wackelt bald nur noch ihr Besen! Das hast du fein hingekriegt, Kasperle! Danke schön! Dafür kannst du auch meinen Schatz behalten, mir ist nur das Kraut wichtig!

Kasperle •• Aber Spucknicht, was soll ich denn mit einem Schatz? Der ist mir viel zu schwer zum Tragen! Am besten du teilst ihn mit den Kindern, sie haben bestimmt Freude daran. *(zum Publikum)* Oder, Kinder? *(Kinder antworten.)*

Drache •• Also schön, unser tapferer Kasperle kommt später zu euch und verteilt den Schatz. Ich bringe gleich mein Kraut in meiner Höhle in Sicherheit.
(verstaut das Kraut und kommt dann wieder)

Kasperle •• *(zum Publikum)* Kinder, ich komme dann zu euch raus, bis gleich. *(zum Drachen)* Spucknicht, ich wünsche dir noch einen schönen Geburtstag, lass dich noch gut hochleben. Bis bald einmal. Machs gut! *(geht ab)*

Drache •• *(sieht Kasperle nach)* Vielen Dank, lieber Kasperle. Komm bald wieder zu uns. Ich würde mich freuen. Bis dann.

Vogel •• Ach, und mit dem drüber und drunter, kra, kra, liegt hier immer noch dein Geburtstagsgeschenk, Spucknicht! Komm endlich rauf und hol es dir!

Drache •• Du bist wieder einmal siebengscheit! Wie, bitte schön, soll ich hier hinaufkommen?

Vogel •• Kra, kra, nicht so voreilig! Dann kommt es halt hinunter. Moment einmal ... *(lässt Trillerpfeife herunter)*

Drache •• *(freut sich)* Oh, Siebengscheit, eine Trullerpfeife! Jetzt kann ich ganz laut Alarm schlagen bei Gefahr. Das ist wirklich eine tolle Überraschung!

Vogel •• Kra, kra, du wirst Augen machen, wenn du mein Festmahl für dich siehst, komm schon!

Drache •• Oh, das hört sich wundervoll an, da kann ich nicht widerstehen! Ich hole eine Leiter und lass es mir jetzt schmecken!
(zum Publikum) Tschüß, Kinder!
(Geht mit Siebengscheit ab. Vorhang zu. Kasperle erscheint vor der Bühne bei den Kindern mit den Süßigkeiten.)

Kasperle •• Ja, Kinder, kennt ihr denn ein schönes Lied? Na, dann lasst mal hören ... *(verteilt den Schatz, evtl. Bonbons, während Kinder ein Geburtstagslied singen)*

Kasperle kommt in die Schule

Kasperle soll in die Schule und bekommt von der lieben Fee Lavendellicht eine Schultüte. Aber der schlimme Räuber Duranand Hodsnetgspannt stiehlt sie als Gespenst verkleidet. Wird es dem Kasperle gelingen, sie zurückzubekommen?

Hintergrund-Bild
Landschaft

Spielfiguren
Kasperle; Schneckenpost (Fingerhandschuh mit aus Pappe/Pappmaschee gebasteltem Ring in Form eines Schneckenhauses); Fee Lavendellicht; Räuber (Gespensterverkleidung: weißes Tuch über Figur, Feder des Hutes soll aber noch herausspitzeln)

Requisiten
Schultüten-Halter aus Draht, um die Schultüte gerade befestigen zu können; Post mit Bild vom Kasperle (Post ist mit Knetmasse oben am Schneckenhaus der Schneckenpost befestigt); kleine, leere Schultüte; Zahnpasta, Zahnbürste, Pflaster, Bonbon und Zauberstein (schöner Stein); zwei Mausefallen; Seil; evtl. Klangspiel für akustische Unterstreichung der Fee; Fliegenklatsche für Akustik beim Räuberfang; kleine Schultüten für die Schulanfänger (mit Namen versehen)

Kasperle bekommt eine Schultüte

(Vorhang ist geschlossen, Schultütenhalter am Rand der Bühne befestigt, Kasperle tritt vor den Vorhang.)

Kasperle •• *(zum Publikum)* Sehr ignorante Damen, sehr übersehene Herren! Gebratene Weißwürste und Bockwürste! Liebenswürdige Kinder und deren Kinder, große und kleine Menschen! Liebe Leute, die da hier sind, und auch die, die nicht ganz bei Trost sind. So, habe ich jetzt jemanden vergessen oder habe ich alle nicht benannt? Hahaha! Hallo ihr lieben Kinder, ihr seid auf alle Fälle nicht woanders, oder? Dann seid ihr quasi alle da?

(Kinder antworten.)

Kasperle •• *(zum Publikum)* Ja? Schön. Und warum?

(Kinder antworten.)

Kasperle •• Aha, ach so ...

(zum Publikum) Dann machen wir mal den Vorhang zusammen auf. *(zieht Vorhang auf)* Hau ruck! So, aber heute weiß ich gar keine Geschichte zu erzählen, ihr vielleicht?

(Schneckenpost mit Post für Kasperle auf dem Rücken tritt auf.)

Kasperle •• Ja, wer kommt denn da? Die Schneckenpost! Für wen hast du denn die Schneckenpost dabei? *(erstaunt)* Was? Für mich? Ja, so etwas. Dann lass mal sehen! *(sieht auf Post)* Oh, da steht es, seht ihr: „Für den Kasperle"! Jawohl, für mich! Da schaue ich gleich hinein ... *(geht ganz nah an Post heran und liest)* Oh, oh, oh, da sind ganz viele Buchstaben, und alle durcheinander. Kein bisschen sortiert! Da kann ich nichts mit anfangen. *(flüstert)* Ich kann nämlich noch nicht lesen. *(laut zum Publikum)* Kinder, könnt ihr denn schon lesen und schreiben?

(Kinder antworten.)

Kasperle •• *(zum Publikum)* Nein? Ist denn wenigstens ein großes Kleinkind dabei, das die Buchstaben sortieren kann?

(Erwachsener antwortet.)

Kasperle •• *(zum Publikum)* Ja? Oh, kannst du bitte freundschaftlicher kasperlerweise mir meine höchst persönliche Schneckenpost vorlesen? Bitte laut und deutlich ...

(Erwachsener kommt heran und liest.)

Zuschauer •• Lieber Kasperle,
du bist jetzt so weit. Die Kasperleschule beginnt nach den großen Ferien. Bitte komm dann zu uns in die Spaßmacherstraße 1 in Lachhausen. Wir freuen uns auf dich!
Mit freundlichen Grüßen
der Schuldirektor Lustig.

(Erwachsener setzt sich wieder.)

Kasperle •• Oha, au weh, zwick, in die Kasperleschule soll ich.
(zum Publikum) Seid ihr denn auch schon in der Schule?

(Kinder antworten.)

Kasperle •• *(zum Publikum)* Nein? Ach ja, freilich, ich bin ja bei noch kleinen Kindern. Kommen denn von euch nach den Ferien auch welche zu meiner Kasperleschule?

(Kinder antworten.)

Kasperle •• *(zum Publikum)* Nein? Lernt ihr nicht kasperlen und Späße machen? Nein? Was denn dann?

(Kinder antworten.)

Kasperle •• *(zum Publikum)* Aha, dann mag ich aber auch in eure Schule gehen. Ich will auch lesen, schreiben und rechnen lernen! Oh, und wenn ich selber lesen kann, dann kann ich auch selber meine Schneckenpost lesen. Das ist toll! Au fein! Freut ihr euch auch schon? Ja? Prima, das erzähle ich gleich unserer lieben Waldfee Lavendellicht. Außerdem sollte ja jemand auf meine Späße Acht geben, wenn ich in der Schule bin. Vielleicht kann sie das erledigen. Sie ist auf einer Versammlung in Zauberhausen. Wir können sie nur hersingen, hat sie mir gesagt. Welches Lied können wir denn gemeinsam singen?

(Kasperle und Kinder singen ein Lied, Fee tritt mit Schultüte auf.)

Fee •• Hallo Kasperle, hallo Kinder! Grüß euch!

Kasperle •• Hallo Lavendellicht! *(zum Publikum)* Kinder, sagt auch schön „Guten Tag" zu unserer Waldfee! *(zur Fee)* Stell dir vor, Lavendellicht, ich habe eine Schneckenpost von dem Herrn Direktor Schul bekommen. Ich darf nach, ... sag mal, was hast du denn da für ein spitziges Dings in der Hand? Ist das zum Radieschensetzen?

Fee •• Nein, es ist nicht zum Radieschensetzen

Kasperle •• Ja, vielleicht zum Karottenpflanzen?

Fee •• Nein, auch nicht zum Karottenpflanzen.

Kasperle •• Dann bestimmt zum Nasebohren?

Fee •• Nein, doch nicht zum Nasebohren. Kasperle, weißt du denn nicht, was das ist?

Kasperle •• Nein. *(zum Publikum)* Kinder, wisst ihr es vielleicht? Ja?

(Kinder antworten.)

Kasperle •• Aha, eine Schultüte. Ja prima! Ist dann da meine Kasperleschule in der Tüte?

Fee •• Nein.

Kasperle •• Aber wenn es doch Schultüte heißt, ist auch eine Schule drin. In einer Eistüte ist was drin? ... Keine Äpfel, nein, Eis. Im Apfelmus ist was drin? ... Genau, keine Tomaten, sondern Äpfel! Und in der Tomatensuppe ist was drin? Natürlich Tomatenketchup. Was sonst? Also sind in der Schultüte, ... hmmm, vielleicht Schulten und Üten drin?

Fee •• Ach Kasperle, nein, auch nicht. In einer Schultüte sind meistens irgendwelche Dinge drin, die man in der Schule oder auch sonst gebrauchen kann. Mal sind es ein Bleistift und Radiergummi, mal Papier zum Malen. *(zum Publikum)* Kinder, wisst ihr schon, was da alles so drin sein kann?

(Kinder antworten.)

Fee •• Genau, und du Kasperle, du gehst auch bald in die Schule, das wurde gestern auf unserer Feen-Versammlung beschlossen. Deshalb habe ich für dich eine Schultüte mit praktischen Dingen wie Zahnbürste und Zahnpasta, ein dickes Frucht-Bonbon – dann lohnt sich das Zähneputzen nämlich auch –, Pflaster für kleinere Unfälle und einen Zauberstein. Diesen kannst du dreimal um Rat fragen oder dir etwas wünschen. *(gibt Schultüte dem Kasperle)* Hier, Kasperle, der Zauberwald wünscht dir einen guten Schulbeginn.

Kasperle •• *(Kasperle nimmt erfreut Schultüte entgegen.)* Oh, danke schön, vielen Dank, liebe Fee! Die ist ja besonders schön geworden.

(Fee geht ab.)

Ach, jetzt ist sie schon wieder weg, schade! Die hat es aber auch immer eilig … Sapperlott! Ja, so eine tolle Tüte mit dingtischen Prakten und einem zaubrigen Dreifachstein! Die zeig ich gleich dem Seppel. *(zum Publikum)* Kinder, passt ihr so lange bitte auf meinen Radieslestecher auf, ja? Prima.

(Kasperle steckt die Schultüte in den Halter und geht ab.)

Der Räuber stiehlt die Schultüte

(Der Räuber kommt als Gespenst verkleidet. Die rote Feder spitzelt aus der Verkleidung hervor. Er nimmt lachend die Tüte und geht wieder ab. Kasperle kommt wieder zurück.)

Kasperle •• … ja, den Seppel hab ich leider nicht gefunden. Der schläft heimlich bestimmt wieder irgendwo. Ja, sapralott, wo ist meine Wühltüte geblieben? *(zum Publikum)* Kinder, habt ihr sie gemopst?

(Kinder antworten.)

Kasperle •• *(zum Publikum)* Was, ein Gespenst .. mit roter Feder? Ach nein, hier spukt es doch nicht! Da habt ihr euch getäuscht! Ein Gespenst hat doch keine rote Feder! *(ärgerlich)* Ja, malofiz, das war aber meine Tüte, ein Geschenk für mich! Da mache ich mich doch gleich auf die Socken und suche meine Ütetüte. Kinder, helft ihr mir dabei? Ja? *(Kinder antworten.)*

Kasperle •• Prima! Dann suchen wir einmal rote Gespenster mit einer weißen Feder ... *(Geht ab. Räuber tritt auf ohne Verkleidung, aber mit Schultüte in der Hand, Inhalt der Schultüte unsichtbar griffbereit.)*

Räuber •• Hähä, ... ich bin der Räuber Duranand Hodsnetgspannt. Ich habe mich als Gespenst verkleidet, damit mich keiner erkennt. Gute Idee von mir! *(zum Publikum)* Donnerkeil, wer seid ihr da alle, hä? Kinder, brrr, ... und ihr traut euch schon wieder in den Zauberwald? Hä?

(Kinder antworten.)

Räuber •• Immer diese gruseligen Kinder. Ich hab nämlich Kasperles Schultüte geklaut! Hahahaha! Da ist bestimmt ein Haufen Weisheit drin. Der Kasperle soll nämlich zur Schule gehen, habe ich gehört! Dass der Kasperle noch gescheiter wird! Aber jetzt habe ich die Tüte! Jetzt werde ICH bestimmt ganz schlau, oder, Kinder?

(Kinder antworten.)

Räuber •• Ja, fein, ... was, nein? *(steckt die Tüte in den Halter)* Doch, doch, doch! Ich guck mal rein, wie man zum Oberschlaumeier wird. Ach, da ist was ganz was anderes drin, *(Eine Zahnbürste und -pasta werden von unten unsichtbar hinter der Tüte hochgereicht und nach Betrachtung wieder nach unten abgelegt.)* ... eine Bürste für die Schuhe, ... nutzlos, ... eine Tube, oha, eine Tube, bestimmt eine Tube voll Weisheit? ... Nein, aha, also Zahnpasta. Hmm, was noch? *(Ein Pflaster wird von unten unsichtbar hinter der Tüte hochgereicht.)* Bunte Kleber. *(zum Publikum)* Damit kann man sich bestimmt das Rechnen hinbappen!

(Kinder antworten.)

Räuber •• Was, nein? Auch nicht? Was dann? Ein läppisches Pflaster also. Was kommt denn da noch so alles raus? *(Von unten wird für Pub-*

likum unsichtbar ein dickes Fruchtbonbon angereicht.) Ein Guzi. Jetzt weiß ich es, ich lutsche die Weisheit! Genau! *(zum Publikum)* Kennt ihr die Guzis auch?

(Kinder antworten.)

Räuber •• Aha, nur ein extra dickes Fruchtbonbon, so, ... *(Von unten wird für das Publikum unsichtbar der Zauberstein angereicht.)* Dann ist da nur noch ein Stein. Ein schöner Stein. Ein sehr schöner Stein sogar. Was kann man damit wohl machen? Ob der gescheit ist? Ich frag ihn mal was: Du, Stein, du? Welche Unterhose hab ich heute an?

Stein •• Eine dunkelbraun getigerte.

Räuber •• Ha, ... richtig! Das war aber nicht so schwer zu erraten. Ich hab nämlich nur die eine. Ich frag noch was! *(zum Publikum)* Nicht vorsagen, Kinder, psssst: *(zum Stein)* Was steckt auf meinem Hut?

Stein •• Eine rote Feder.

Räuber •• Ha ... Potzblitz, schon wieder richtig! Das ist der Stein der Weisheit! Jetzt werd ich so schlau wie ... Ach, was sag ich, schlauer als der Kasperle und der Seppel zusammen! Da gelingt mir jede Räuberei! Hähähähä! Da fang ich mir den Kasperle, der soll für mich putzen und kochen, hähähä. So, ab in meine Räuberhöhle! Da verstecke ich die Tüte hinter dem Ofen. Da findet sie niemand! *(geht singend ab)* Und den Kasperle, den fang ich mir ein, dann macht er mir die Höhle rein.

Kasperle auf Räuberjagd

(Kasperle tritt auf.)

Kasperle •• *(enttäuscht)* Also, ich kann fragen, wen ich will, ein rotes Federgespenst mit Streifen hat keiner gesehen! Und meine Schultüte auch nicht. *(zum Publikum)* Kinder, habt ihr etwas entdeckt?

(Kinder erzählen.)

Kasperle •• Was, der Räuber Duranand steckt dahinter? Das hätte ich mir ja denken können. Und was will er sein, schlau? Da sollte er schon in die Schule gehen. Und fangen will er mich? Putzen soll ich? Ja, so ein schlimmer Schlawiner! Den Räuber müssen wir ganz listig überlisten. Ach du rote Kanone, da kommt er schon! Bloß schnell weg hier! *(Räuber tritt auf.)*

Räuber •• Ich hab doch grad den Kasperle gehört! Wo ist er lang? Da? *(Geht ab, kommt wieder, eine wilde Verfolgungsjagd beginnt.)* Donnerkeil und grüne Bohnen, jetzt hab ich ihn verloren. Ich schau mal da! *(Kasperle taucht wieder auf.)*

Kasperle •• Himmelbimbamboria, der Räuber ist aber auch flott unterwegs! *(Räuber kommt zurück, Kasperle verschwindet wieder.)*

Räuber •• Wo ist er denn jetzt schon wieder hin? Ich kann ihn fast schon riechen! *(Bewegt sich schnüffelnd in eine Richtung.)* Da ist er lang. *(Schnüffelt weiter, geht wieder ab. Kasperle kommt zurück.)*

Kasperle •• *(schnauft)* Ach, ich bin völlig aus der Puste. Jetzt dreh ich den Spieß doch einfach einmal um. Der soll noch sein blaues Wunder erleben! Ha! *(Räuber und Kasperle begegnen sich, Kasperle erschreckt den Räuber mit „Ha!“. Der läuft davon, der Kasperle hinterher.)*

Räuber •• Donnerlüttchen, jetzt will mich der Kasperle fangen, das war so nicht ausgemacht!

Kasperle •• Schrumpfdibix, so wird das nix, ich brrrrrrems ihn aus! Hmm, am besten mit einer Falle! Jawohl, mit einer Räuberfalle. Die hab ich zufällig manchmal immer in meiner Hosentasche, für plötzlich einzufangende Räuber sozusagen. Und da ist ja einer einzufangen. *(Kasperle sucht in seiner Hosentasche eine Mausefalle, die er stolz vorzeigt. Mausefalle wird fürs Publikum unsichtbar von unten hochgereicht.)* So, wo ist sie denn, ... gruschtl, gruschtl, ... ah, hier, die sieht so aus. *(zum Publikum)* Kennt ihr die? Ja?
(Kinder antworten.)

Kasperle •• Mausefalle? Nein, Räuberfalle! Da werdet ihr staunen! Und einen Strick hab ich auch dabei, gaaaanz wichtig! *(Kasperle zieht auch noch den Strick hervor, der ebenfalls fürs Publikum unsichtbar von unten hochgereicht wird.)* So, jetzt müssen wir den Räuber nur noch herlocken. ... Halt, zuerst die Falle noch spannen. *(Kasperle spannt Mausefalle und legt sie hin)* ... Ganz vorsichtig, sonst spann ich gleich, dass mich was zwickt. Geschafft!

(zum Publikum) Wir rufen den Räuber alle zusammen und ich versteck mich. Wenn er dann da ist, lockt ihr ihn zur Falle hin. Hierher. *(zeigt auf Position der Falle)* Da, habt ihr alles verstanden? Also auf geht´s!

(Kinder rufen mit Kasperle den Räuber, Kasperle geht ab und nimmt Seil mit, aus dem Off) ... Räuber Duranand, ... lauter ...

(Räuber tritt auf. Er hat die zweite Mausefalle am Po angeklemmt, die aber fürs Publikum noch unsichtbar ist.)

Räuber •• Was ruft ihr mich, ihr verzogenen Gören? Habt ihr den Kasperle für mich aufgestöbert? Wo ist er? Hier? Oder da? Ja, da ...

(Zweimal mit der Fliegenklatsche klatschen, dann gespannte Mausefalle von der Bühne schieben und die Falle am Po des Räubers zeigen.)

Räuber •• *(heult auf)* AUTSCH, aua, verflixt! Was ist denn das? Auauauau.

(Kasperle kommt mit dem Seil in der Hand zurück.)

Kasperle •• *(frohlockt)* Das ist eine Räuberfalle und du bist reingetappt, reingetappt, reingetappt! *(zum Publikum)* Kinder, hab ich es nicht gesagt, das ist eine Räuberfalle?

Räuber •• *(jammert)* Red nicht so viel, mach das Ding weg von meinem Hintern! Das zwickt barbarisch!

Kasperle •• Halt, halt, nicht so schnell! Erst fessle ich dich, sonst büxt du mir noch aus. Ich kenne dich! *(Kasperle läuft mehrfach mit dem Seil um Räuber herum.)* Dreimal rum und viermal num, so ...

Räuber •• Donnerschlag und Doria! Hat dieser verflixte Kasperle mich gefangen – statt ich ihn. Jetzt mach schon endlich diese Klemme weg da! *(Kasperle nimmt Mausefalle ab. Räuber schreit und jammert.)* Autsch! Autsch! Das hat wehgetan!

Kasperle •• Ja, ja, ja, ... die Kinder haben mir erzählt, ich solle dein Putzteufel werden und hätte dir deine Suppe versalzen sollen. Aber nicht mit mir, dem Kasperle. Außerdem hast du meine Schultüte gemopst. Die hab ich von der lieben Fee Lavendellicht bekommen und möchte sie wieder zurückhaben.

Räuber •• *(übermütig)* Hähähä! Ich kann sie dir nur holen, wenn du mich freilässt! Ich weiß genau, wo sie ist. Du nicht.

Kasperle •• *(zum Publikum)* Kinder, soll ich das so machen? *(zu sich selbst)* Nein, das machen wir anders. *(zum Räuber)* Die Kinder haben mir erzählt, du hättest sie in der Räuberhöhle versteckt. Wo denn genau? *(zupft am Seil)*

Räuber •• Aua, autsch, ja, ja ... hinterm Ofen.

Kasperle •• Aha, hinterm Ofen. Brav! Da schau ich gleich nach. Aber frei lasse ich dich erst, wenn ich meine Schultüte wiederhabe. *(zum Publikum)* Wie viele Kinder mit Schuleinberufung sind denn hier anwesend und vorhanden? Bitte aufstehen!

(Kinder stehen auf.)

Kasperle •• *(zum Publikum)* Aha, eine ganze Menge! Ich bräuchte ein bis sieben freiwillige Helfer! Könnt ihr schon bis fünf zählen? Bestimmt! Tretet mal an das Kasperletheater her.

(Helfer treten hervor.)

Kasperle •• Wie heißt ihr denn alle?

(Kinder antworten.)

Kasperle •• O.k. Ihr haltet jetzt den Räuber in Schach, ich meine, ich gebe euch die Schnur. Ihr haltet sie fest, dann kann er nicht weg. Nicht zu fest, sonst tut er sich weh oder geht kaputt, und nicht zu locker, sonst zischt er davon. *(Kasperle will Kindern das Seil übergeben, zögert aber dann.)* Ihr großen Kinder, schafft ihr das auch wirklich? Ja? Der ist aber stark wie drei! Könnt ihr das? *(Kasperle übergibt Kindern jetzt wirklich das Seil.)* Gut, also hier ist die Schnur. Habt ihr ihn? Ja? So, dann schau ich mal nach dem Ofen hinter der Räuberhöhle in der Schultüte. Bis gleich. *(geht ab)*

Kasperle holt seine Schultüte wieder zurück

Räuber •• *(zieht und zupft an der Schnur, scheinheilig zu den Kindern)* Kinder, wenn ihr mich freilasst, bekommt ihr die halbe Schultüte von mir und ich zerwuzel den Kasperle, abgemacht? Ja? Dann lasst los! Loslassen!! *(ärgerlich)* Zum Kuckuck noch mal, freilassen habe ich gesagt! *(zu sich selbst)* Hmmm, die Kinder kann ich auch nicht mehr so schnell überlisten! Brummel, brummel ...

(Kasperle kommt singend mit der gefüllten Schultüte zurück.)

Kasperle •• In der Schule lern ich rechnen,
und das Lesen noch dazu,
und den Räuber fang ich immer.
Ja, da hat er keine Ruh ... Hollahi ...
Haha, ich hab sie, ich hab sie wieder! Schaut mal ... und noch ganz. Ich glaub, jetzt können wir den Räuber wieder freilassen. Der ist mit seiner Dummheit gestraft genug. *(steckt die Tüte wieder in den Halter; zu den Kindern, die das Seil immer noch festhalten)* Lasst bitte den Strick los, dann kann ich ihn befreien und ihr könnt euch wieder hinsetzen. Danke schön, Kinder. *(befreit den Räuber)*

Räuber •• *(genervt)* Na endlich! Das wurde auch Zeit! Ihr, ihr, ja ihr seid hier alle so gescheit. Aber ich, ja, ich geh jetzt in den Zauberwald und such mir auch eine Schule. Dann lerne ich auch was Ordentliches. Jawohl, ich such mir eine Schule. Ich werde schon eine finden. Vielleicht ist in der Häschenschule noch ein Platz für mich. Brummel, brummel ... oder in der Baumschule. *(geht brummend ab)*

Kasperle •• Na, da bin ich einmal gespannt! Der Räuber beim Eiermalen. Das kann ich mir fast nicht vorstellen, das gibt bestimmt einen Haufen Rührei! Ach ja, jetzt schau ich doch einmal nach, ob noch alles drin ist in meiner Tüte. *(sieht in die Tüte, unsichtbar von unten gereicht)* Hmm, die Zahnbürste, Zahnpasta, Pflaster, Fruchtguzi ... ja, und der Stein. *(zum Publikum)* Dann ist alles drin, oder, Kinder?

Stein •• Ein letzter Wunsch oder Weisheit sei dir noch gewährt.

Kasperle •• Waaaas? Ich hab den Stein doch noch gar nichts gefragt! Drei Wünsche hätte ich doch frei gehabt, jetzt nur noch einen, wie kommt jetzt das?
(Kinder erzählen.)

Kasperle •• Was, der Räuber Duranand, ... ja, so etwas! Da überlege ich gut ... den Stein nicht verschwenden ... *(zum Publikum)* Was soll ich mir denn wünschen, Kinder? Ich weiß etwas! Mir ist etwas eingefallen! Ich wünsche allen Kindern hier einen schönen, interessanten und erfolgreichen Schulanfang.

Stein •• Es sei dir gewährt.

Kasperle •• *(freut sich)* Oh, wie schön!

(von unten erscheint langsam eine kleine Schultüte für ein Schulanfänger-Kind mit Namen darauf)

Kasperle •• Ja, was ... Oha, was ist denn das? Da kommt ja noch so ein Radieslebohrer. Da steht aber was drauf. *(Kasperle sieht sich Schultüte genau an)* Sieht aus wie ein Name ... *(zum Publikum, kleinlaut)* Jetzt bräuchte ich wieder Hilfe. Kann das einer von euch lesen?

(Ein Erwachsener hilft.)

Kasperle •• Aha, *(Name des Kindes)*. Gibt es hier einen Schulanfänger namens *(Name des Kindes)*? Na, dann wird es wohl deine sein ... Aber bitte noch zu lassen, vielleicht kommt da ein Feuer spuckender Drache heraus. Und mein Feuerwehrschlauch zum Löschen ist in der Reparatur!

(Noch eine Schultüte kommt hervor.)

Kasperle •• Au weh, zwick, da wächst noch so ein Karottenstupfer raus. Welcher Name steht jetzt drauf? Aha.

(Kasperle verteilt nach und nach je eine Schultüte an die Kinder.)

Kasperle •• Ja, das nimmt ja gar kein Ende! *(zum Publikum)* So, aber jetzt können wir uns alle auf die Schule freuen! Nicht wahr? Und ich richte derweil noch ein paar Sachen her, so einen Radierranzen und ein Schulgummi, oder wie heißt das Kinder?

(Kinder antworten.)

Kasperle •• Genau! Und noch ein paar so Sachen. Was brauche ich denn da noch so alles? Aber wisst ihr was? Auf etwas freue ich mich ganz besonders. Nämlich auf die Ferien, die müssen wir uns schon besonders lustig machen, nicht? Also, bis bald Kinder! Eine schöne Ferienzeit! *(Geht singend ab, Vorhang zu.)*

In der Schule lern ich rechnen,
und das Lesen noch dazu.
In den Ferien geh ich baden,
habe sonst auch meine Ruh.
Hollahi, holldriooooooooooohaaaaa

Eine Nikolausgeschichte

Der Kasperle macht Urlaubsvertretung für den Nikolaus. Das goldene Buch, in das der Nikolaus die Wünsche aller Kinder hineinschreibt, verschwindet leider auf geheimnisvolle Weise. Wie wird Kasperle sich aus diesem Schlamassel befreien?

Hintergrund-Bild
Wald

Spielfiguren
Kasperle (mit Nikolausverkleidung); Eule; Zauberer

Requisiten
Nikolaussack; Nikolausmantel; diverse Dinge aus Kasperles Rumpelkiste (z. B. Taschentuch, Spielzeug-Spinnen, Toilettenpapier); Nikolausbart aus Watte; goldenes Buch (z. B. Streichholzschachtel, die golden beklebt ist, oder goldenes Papier, das zu einem Buch zusammengeklammert ist); Nüsse; Lebkuchen; Äpfel; Schnee (Konfetti oder Ähnliches in eine Tüte am Himmel des Theaters befestigen. Mit daran befestigter Schnur das Schneien auslösen.); Strohhalm zum Schneewegblasen an der Stelle festgeklebt, an der das Buch abgelegt wird, nach unten abgeknickt.

Kasperle vertritt den Nikolaus

(Vorhang wird geöffnet, Kasperle tritt noch ohne Nikolausverkleidung mit dem Nikolaussack in der Hand auf. Er brummt und singt mit dunkel verstellter Stimme das Lied „Lasst uns froh und munter sein". Unten in Reichweite liegt das goldene Buch. Nikolausverkleidung, Nüsse, Lebkuchen und Äpfel sollten ebenfalls unten deponiert sein.)

Kasperle •• Ha, wer ist denn da noch im Wald? Wer? *(zum Publikum)* Ach, ihr seid es, Kinder. Hoho! Hallo! Wisst ihr denn, wer ich bin? Ja? *(Kinder antworten.)*

Kasperle •• Genau! Der Nikolaus. *(Kinder antworten.)*

Kasperle •• *(zum Publikum)* Was, der Kasperle? Wie habt ihr mich denn erkannt? An meiner Zipfelmütze? Sapperlott, da sollte ich dann doch noch an meiner Verkleidung etwas tüfteln. Wie sieht denn der richtige Nikolaus aus, Kinder? *(Kinder antworten.)*

Kasperle •• Rote Mütze, ja, die hab ich ja schon. Ein roter Mantel? So, so ... Ja wie gut, dass ich gerade zufällig so ein rotes Gewand hier habe. Moment, ich ziehe es schnell an. Da gehe ich in meine Umkleidekabine hier hinten. *(verschwindet kurz und kommt mit angezogenem Mantel wieder zum Vorschein)*

Kasperle •• *(zum Publikum)* So, jetzt erkennt mich aber niemand mehr, oder, Kinder? *(Kinder antworten.)*

Kasperle •• *(zum Publikum)* Was ihr immer noch? Was fehlt denn jetzt noch? Aha, ein Bart also. Was für ein Bart? Ein Schnurrbart, ein Kinn-Bart, ein Vollbart? Der wächst bei mir aber nicht so schnell. Wie könnte ich den zum Sprießen bringen? In Kasperles Rumpelkiste könnte so eine Rotzbremse liegen. Ich schau mal nach.

(Kasperle beugt sich nach unten und wirft diverse Sachen ins Publikum: etwa ein Taschentuch, Spielzeug-Spinnen, Toilettenpapier)

(zu sich selbst) Das? Nein, das nicht. Das vielleicht? Nein auch nicht. Aber hier ... Ach, das ist eine ... Nein, wieder nicht. Ha, gleich. Wartet ... *(klemmt sich einen Bart an)*

(zum Publikum) Na, Kinder, was sagt ihr jetzt? Sehe ich nicht aus wie ein richtiger Nikolaus? Und wenn der Nikolaus kommt, dann brauchen wir auch Schnee, oder? Es schneit bestimmt auch bald. *(sieht nach oben, zu sich selbst)* Ich kann die Schneeflocken schon in den Wolken sehen. Dann könnt ihr Schlitten und Ski fahren. Au ja, das macht Spaß! Und ich tu mich mit dem Schlitten auch leichter, wenn Schnee liegt. *(kümmert sich wieder um sein Nikolaus-Geschäft)* So, jetzt muss ich aber noch den Sack herrichten, bald ist nämlich Nikolaustag. Aber der Nikolaus brauchte unbedingt Urlaub. Seine Schwester heiratet. Und er wollte keine traurigen Kinder, die auf den Nikolaus warten. Da hat er mich gefragt, ob ich einspringen könnte. Ich habe natürlich „Ja" gesagt. Das ist doch klar. Eine spannende Aufgabe für mich. Ich suche erst einmal die nikolausigen Dinge zusammen.

(bückt sich nach den Dingen) Was brauche ich denn? Was sagte der Nikolo...? *(bringt goldenes Buch auf die Bühne)* Genau, das goldene Buch da, das lege ich inzwischen da hin.

(zum Publikum) Wisst ihr denn, was er da hinein alles aufschreibt? Nein? Doch? Ja, da steht, wer seinen Schnuller mitgeben wird, wer brav war und wer böse war. Das schreibt er sich auf, denn alles kann sich der Nikolaus auch nicht mer-

ken. Jetzt aber an die Arbeit. Es fängt schon leicht an zu schneien.

(Kasperle dreht sich um, es schneit zuerst leicht Konfetti, dann stärker, ganz stark auf das Buch, bis nichts mehr davon zu sehen ist. Inzwischen füllt Kasperle seinen Sack mit den unten zurechtgelegten Sachen, die unauffällig dem Kasperle hochgereicht werden.)

Kasperle •• Wo sind denn noch die Nüsse? Ah, da! Und die Lebkuchen? Ja hier. So, nun noch ein paar saftige Äpfel. *(Das Buch ist vollkommen mit Schnee bedeckt.)* Der Sack ist ganz schön voll geworden. Das Buch lege ich noch dazu. *(suchend)* Nanu, wo ist denn das Buch hingekommen? Oh, der Schnee hat mir das Buch ganz weg versteckt. *(zum Publikum)* Kinder, wisst ihr denn noch, wo ich es ungefähr hingelegt habe? *(Kasperle sucht vergeblich das Buch.)* Was, hier drunter? Nein, dort vielleicht? Ach, wie ungeschickt von mir! Ich glaub, es ist hoffnungslos. *(zu sich selbst)* Was mache ich denn jetzt? Soll ich alle Kinder nur anbrummeln? Nein, das wäre ungerecht. Soll ich alle Kinder beschenken? Hmm, ... ich weiß nicht, ich möchte schon die artigen, braven Kinder belohnen. Vielleicht kann mir meine Freundin Eulchen helfen? Ich schaue mal, ob ich sie finde. *(zum Publikum)* Kinder, geht ihr mit? Also dann los! *(geht mit Sack ab)*

Auf der Suche nach dem goldenen Buch

(Eule tritt auf.)

Eule •• Uhuhuhuu,
Ich wohne hier im Wald schon lange Zeit.
Der Nikolaus ist nicht mehr weit.
Der kommt immer zur Winterzeit.
(Kasperle kommt ohne Sack zurück.)

Kasperle •• Hallo Eulchen, endlich treffe ich dich. Ich brauche deinen Rat. Das goldene Buch vom Nikolaus ist verschwunden. Es wurde eingeschneit und ich kann es unter dem tiefen Schnee nicht mehr finden. Ich brauche es aber am Nikolaustag unbedingt. Weißt du jemanden, der mir bei der Suche helfen kann?

Eule •• Uhu, Kasperle. Oder soll ich „heiliger St. Nikolaus" sagen? Uhu, das wird schwierig. Es soll ja weiter schneien. Nur mit Suchen und Graben werden wir nicht weit kommen. Uhu, da wirst du schon den Drachen Feuermaul bitten müssen, den Schnee mit seinem Feuerstrahl schmelzen zu lassen. Uhu.

Kasperle •• Aber, dann verbrennt doch das Buch. Nein, das kann ich nicht machen.

Eule •• Uhu, dann wäre da noch die Hexe Taiglatelli. Die kann bestimmt den Schnee weghexen, uhu.

Kasperle •• Und meinen Nikolaussack dazu. Nein, nein, so geht's auch nicht!

Eule •• Uhu, ja dann ... Hmm, also hmm ... Der weise Zauberer Donnerbalken, der kann dir vielleicht helfen.

Kasperle •• Ja, genau! Den könnte ich bitten, nach dem Buch zu suchen. Eulchen, wie finde ich ihn?

Eule •• So viel ich weiß, rufst du einen Zauberspruch, und wenn er deine Not erkennt, wird er dir erscheinen.

Kasperle •• Eulchen, was ist das für ein Spruch?

Eule •• Uhu, er geht, glaub ich, so:
Mächtiger Zauberer aus dem Wald
komme zu mir, doch komme bald.
Deine Hilfe brauche ich.
Bitte, lass mich nicht im Stich!
Kasperle, nun versuch dein Glück. Ich wünsche dir gutes Gelingen. Uhu, ich fliege weiter, uhu. *(geht ab)*

Kasperle •• Eulchen, bis bald. Wie war noch einmal der Spruch? Hmmm ...
Mächtiger Zauberer aus dem Wald
komme zu mir, doch komme bald.
Deine Hilfe brauche ich.
Bitte, lass mich nicht im Stich!

(Es scheppert, Zauberer taucht von unten auf.)

Zauberer •• Kasperle, du hast mich gerufen? Womit kann ich dir dienen? Wie kann ich dir helfen?

Kasperle •• Grüß dich, Zauberer Donnerbalken. Ich habe da ein Problem. Der Schnee hat das goldene Buch vom Nikolaus zugedeckt, und jetzt kann ich es nicht mehr finden. Ich brauche es aber doch schon bald, sonst weiß ich nicht, wer von den Kindern immer aufgeräumt hat oder wer nicht, oder ...

Zauberer •• *(unterbricht ihn)* Ja, ja, ja, da kann ich dir schon helfen, aber du musst vorher zwei Rätsel lösen. Das erste lautet:

Auf wen freuen sich die Kinder jetzt schon lang?
Manchen ist dann doch leicht bang.
Einen vollen Sack zieht er hinterher,
der ist meistens ziemlich schwer.

Das zweite feiern wir jedes Jahr:

Geboren in einem kleinen Stall,
bitterkalt ist's überall,
Maria und Josef wärmen ihn.
Der Stern, der so hell schien
vor langer Zeit,
der Weg war weit.

So, lieber Nikolaus, der eigentlich der Kasperle ist, ich muss jetzt gehen. Mich bittet wieder jemand um Hilfe. Löse die Rätsel, und du wirst dein Buch finden.
(geht ab)

Kasperle •• *(zum Publikum)* Kinder, habt ihr das gehört? Donnerblitz und Zauberpulver, jetzt müssen wir Eulchen rufen, die ist auch sehr weise. Eulchen kennt vielleicht die Antwort auf die Rätsel. Eulchen ..., Eulchen ...
(Eule tritt auf.)

Der Rätsel Lösungen

Eule •• Uhu, Kasperle-Nikolaus, du hast mich geweckt. Hast du den Zauberer angetroffen?

Kasperle •• Ja, und er gab mir zwei Rätsel auf. Das erste heißt so:

Auf wen freuen sich die Kinder jetzt schon lang?
Manchen ist dann doch leicht bang.
Einen vollen Sack zieht er hinterher,
der ist meist ziemlich schwer.

Wer könnte das sein?

Eule •• Uhu, hmm. Weißer Bart, rotes Gewand,
den großen Sack bald in der Hand
geht er von Haus zu Haus
wer's denn ist? Ja, wer ...? Der Nikolaus!

Kasperle •• Ja, du hast recht. Den heiligen Mann hat er gemeint. Aber jetzt noch das zweite. Er sagte:

Geboren in einem kleinen Stall,
bitterkalt ist's überall,
Maria und Josef wärmen ihn.
Der Stern, der so hell schien
vor langer Zeit,
der Weg war weit.

Eule •• Uhu, *(zum Publikum)* Kinder, wisst ihr es? Nein? Vor langer Zeit bitterkalt im Stall, Maria, Josef ... Was kann das sein? Kinder, sagt es schnell! Ja natürlich, das Christuskind.
(Mit einem Strohhalm wird der Konfetti-Schnee weggeblasen und das Buch kommt zum Vorschein.)

Kasperle •• Potzblitz und Donnerschlag! Da ist ja das Buch, sieh! Du hast mir sehr geholfen, vielen, vielen Dank! Ohne dich hätte ich das Buch erst im Frühling, wenn der Schnee taut, gefunden.

Eule •• Uhu, lieber Kasperle, du bist doch mein guter Freund. Ich helfe dir gerne, wenn ich kann. Nun flattere ich beruhigt wieder in den

Wald hinein und schlafe, uhu.
(fliegt weg)

Kasperle •• Eule, leb wohl, und dank dir noch einmal! Da kann ja mein großer Tag kommen. Kinder, bis in ein paar Tagen. Da stapfe ich dann zu euch nach Hause. Ich hoffe, ihr macht mir die Türe auf. Bis bald, singen wir noch schnell ein Lied. Wie wäre es denn mit „Lasst uns froh und munter sein …"? *(Kasperle singt mit Kindern und geht ab. Vorhang zu.)*

Der Vogel des Glücks

Der Vogel des Glücks wird von der Hexe Falltaufdnas gefangen. Er soll ihr das ewige Glück bringen. Doch bald muss die Hexe erkennen: Das Glück kann man nicht zwingen. Wenn, dann kommt es von ganz allein ...

Hintergrund-Bild
Wald

Spielfiguren
Vogel aus Pappe oder Pappmaschee auf einem Stock montiert; Hexe; Kasperle

Requisiten
Hexenhaus zum Aufhängen aus Pappe oder Pappmaschee mit Türe; Hexenbuch (Papier, das zu einem Buch zusammengeklammert ist); Besen Belzebub (aus Stock mit angeklebten Papierfransen); Feder; Flöten-Musik vom Band

Hexe Fallaufdnas fängt den Vogel des Glücks

(Vorhang ist geöffnet. Vogel kommt angeflogen und fliegt etwas herum, dabei spielt Flöten-Musik. Vogel fliegt wieder weg, Hexe kommt auf dem Besen Belzebub angeflogen und landet unsanft auf der Nase.)

Hexe •• Huiiiiiiii, hoppala, aus der Bahn ... Autsch, ah! Krötenbein und Spinnenspucke, warum bremst mein Besen Belzebub immer so unsanft? Jedes Mal falle ich auf die Nase! *(schimpft)* Ach, du, du, du Besen du! Mit dir habe ich mir einen Helfer angetan. *(sieht die Kinder und erschrickt)* Ach herrje, da sind ja sooo viele Kinder hier. *(zum Publikum)* Hallo Kinder! Seht ihr schon länger zu? Auch meine Landung? Ja, ich kann ja schon fliegen, aber Belzebub nicht. Belzebub, das ist mein feuriger Düsenbesen. Und ich ... Wisst ihr, wer ich bin? *(Kinder antworten.)*

Hexe •• *(zum Publikum)* Ja, ja, die liebe Hexe ... Aber ich habe auch einen Namen, einen ganz besonderen: Falltaufdnas, so heiße ich. Und Belzebub, das ist so ein stupfeliger Reisighaufen! Beim Beseln kehrt er am größten Schmutz vorbei! *(stellt mit dem Besen das Gesagte nach)* Geht es ab in die Luft, fliegt er viel zu dicht an den Tannen vorbei. Jedes Mal hängen mir die Tannennadel zwischen den Zähnen! Und bei der Landung überbockt er mich auch noch ordentlich! Zu was ist er denn eigentlich nützlich? Hä? Ja, ja, ich

weiß schon, lieber schlecht geflogen als gut gelaufen. Aber einer Hexe sollte das nicht passieren! Ich habe einfach kein Glück mit ihm! Was soll ich mit ihm bloß machen? Ein Lagerfeuer vielleicht? Belzebub verschwinde! *(Besen taucht ab.)*
Hmmm, so, wo sind denn die Kräuter für die Lebkuchen? Letztes Jahr wuchsen hier ganz bestimmt meine Kräuter dafür, aber hier wächst ja überhaupt gar nichts außer Bäumen! Mit was soll ich dann denn den Teig abschmecken? Ha?
(ärgerlich) Heute gelingt mir aber auch gar nichts! Das Glück ist mir nicht hold! Mir nicht, einer Hexe. So eine Schande! Zum Silversterkracher noch einmal!
Dagegen muss ich etwas tun. Hmmm, ... ja. Ja, wenn ich es mir recht überlege, dann gibt es doch den Vogel des Glücks. Wenn ich den für mich hätte ...
(zum Publikum) Soll ich ihn mir fangen? Ja?
(Kinder antworten.)

Hexe •• Fein? Was, nein? Doch, der bringt jedem Glück, dem er begegnet. Wenn ich ihn erwische, ist alles Glück mein! Oho, alles Glück! Hach, ist das nicht wunderbar?
(schwärmerisch) Niemand mehr sonst hätte Glück! Nur ich! Mein allein! Hach, das ist die beste Idee seit langem. So, ja, wie fange ich den Vogel des Glücks? Wo ist mein Hexenbuch? Hexenbuch komplexe, komm zu deiner Hexe.
(Buch taucht von unten auf.)
Was steht denn da drin? Hmmm ... Ah, hier, Vogel des Glücks, man fange ihn mit folgendem Hexenspruch:
Vogel, Vogel, schönes Tier,
du gehörst von nun an mir.
Auf der Stelle, jetzt und hier.
Aha, das ist ja gar nicht so schwer, nur etwas lang. Hexenbuch verschwinde, dass dich keiner finde.
(Buch taucht nach unten ab.)
Jetzt muss ich ihn nur noch finden, diesen Piepmatz. Und dann, dann ist alles Glück der Erde mein! MEIN! *(lacht)* Hihihihi!

(hört auf zu lachen, argwöhnisch zum Publikum) Habt ihr ihn vielleicht schon gesehen den Vogel des Glücks? Hä? Ihr seht alle so glücklich aus.
(schaut intensiv im Publikum hin und her) Nein? Ja? Ja? Ja! Ja, ja, ja, ich seh's an euren Augen! Ihr habt ihn gesehen! Ich weiß es. Wo, wo, wo ist er, verratet es mir! Ich find ihn auch ohne euch! Ihr werdet schon sehen!
(singt nach der Melodie von „Oh, Tannenbaum")
Oh Vogel, du, oh Vogel, du,
und ich verzaubre dich im Nu,
dann gehörst du mir, das sag ich dir,
dann trink ich gleich a halbe Bier ...
(geht ab, Flöten-Musik ertönt, Vogel kommt und verschwindet wieder, Flöten-Musik bleibt, Hexe kommt zurück.)

Hexe •• Ich höre den schönen Gesang. Er ist ganz nah! Ich sehe es euch an, er war gerade hier! Aha, ich glaube, er kommt ... Ich versteck mich hinter dem Vorhang.
(geht hinter den Vorhang. Vogel fliegt her und setzt sich, Flöten-Musik läuft immer noch. Hexe springt hinter dem Vorhang hervor und spricht, Flöten-Musik aus.)

Hexe •• Vogel, Vogel, schönes Tier,
du gehörst von nun an mir.
Auf der Stelle, jetzt und hier.
Hihihihi, das war ja ganz einfach!! *(lockt Vogel)* Komm nur her du kleines Vögelchen, komm, komm zu deiner Herrin, komm schön hinter mir her.
(Vogel kommt hinter Hexe her.)
Ja, so ist es gut! *(erstaunt)* Es ist plötzlich so still hier ... Komisch. Hmm, was soll's? Ab jetzt in mein Hexenhäuschen, hihihihihihi!
(Vogel und Hexe gehen ab. Kasperle tritt auf.)

Kasperle •• *(zum Publikum)* Hallodrio, ich bin der Kasperle. Kennt mich denn hier schon jemand? Ja, da sind soooo viele Kinder in unserem unheimlichen Zauberwald! Hallo Kinder, seid ihr wirklich alle Kinder? Halt große und kleine, nicht? Ja, habt ihr denn keine

Angst hier? Hier wimmelt es nur so von Kobolden und Zauberern, Zwergen und Wichteln und anderen riesigen und winzigen, wilden und schlawinrigen Gesellen.
(Kinder antworten.)

Kasperle: •• *(zum Publikum)* Keine Angst? Nicht so ein klitzekleines bisschen? *(Kinder antworten.)*

Kasperle •• *(zum Publikum)* Ach, ihr seid ja mutig! Aber ihr habt ja recht! Es ist auch grad gar nichts los hier! Da wäre mir auch nicht mal ein Fünkelchen unheimlich. Das Krokodil schwimmt brav in seiner Pfütze, der Teufel hat sich hier schon ewig nicht mehr blicken lassen und der Räuber sitzt im Winter immer beim Wachtmeister Hagelstupf im Gefängnis. Da ist es schön warm und das Essen schmeckt dem Räuber auch ganz gut. Ja, und die Hexe Falltaufdnas, ja, die hockt schön brav in ihrem Hexenhäuschen und backt Lebkuchen für Weihnachten. Nichts passiert. Ist doch langweilig! Gestern habe ich sie doch Kräuter sammeln sehen. Die, die sie jedes Jahr für die feinen Lebkuchen braucht. Ja, habt ihr sie auch sammeln sehen, ja? Nein, ja was?
(Kinder erzählen.)

Kasperle •• *(zum Publikum)* Aha, ach nein, ja wirklich? Darum ist es hier im Wald so still. Pssssst, horcht mal ...! Nichts! Gar nix! Sonst piepst doch leise der Vogel, aber jetzt ... Hmmm, ganz schön ruhig! Ungewöhnlich ruhig, geradezu unheimlich. Ich glaube, wir sollten unseren Vogel des Glücks von der Hexe Falltaufdnas befreien, was meint ihr, Kinder? *(Kinder antworten.)*

Kasperle •• Ja? Das ist gut. Das ist sehr gut. Hmmm, aber wie? Können wir das denn? Wir müssen schlau sein wie ein Fuchs. Wie hat sie denn den Vogel gefangen? Mit einem Zauberspruch. Gut, das Hexenbuch, wir brauchen also das Hexenbuch! Und wo wird sie das Buch haben? Natürlich im Hexenhaus bei sich zu Hause! Dann, auf geht's! Zur Hexe Falltaufdnas, wenn der Belzebub bremst, fallt se auf die Nas, hahaha. *(geht singend nach der Melodie von „Fröhliche Weihnacht überall" ab)* Fröhliche Hexen überall, bring ich mit dem Besen schnell zu Fall. Trallalla ...

Die Hexe will ihr Glück zwingen

(Kurze Pause, Haus der Hexe aufhängen, Kasperle tritt auf.)

Kasperle •• Jetzt bin ich schon ganz nah dran, ich beobachte erst einmal von hier aus das Haus. Ich verstecke mich hinter dem Vorhang.
(zum Publikum) Sieht man mich noch, ja?
(Versteckt sich, doch irgendetwas spitzelt noch vom Kasperle raus. Kinder antworten.)

Kasperle •• *(zum Publikum)* So, vielleicht? Ja, immer noch? Und jetzt?
(Kinder antworten.)

Kasperle •• *(zum Publikum)* Ihr müsst ganz leise sein und dürft mich nicht verraten. *(Hexe und Vogel kommen aus dem Haus heraus, Vogel sitzt wieder.)*

Hexe •• So, mein kleines Vögelchen, jetzt kannst du der lieben Hexe Falltaufdnas schon das erste Glück bescheren. Mein alter Belzebub soll endlich schneidig elegant gleiten. Wo ist er denn? Ähm, Belzebub erscheine. *(Besen taucht von unten auf.)*
So, aufsteigen! *(Hexe steigt auf Besen.)*
Jetzt und hier gewesen,
flieg, du fauler Besen.
Oh, oh.. oh, ... *(unsanfter Flug und Landung)* Autsch! Schon wieder meine Nase! Und das, obwohl ich den Glücksvogel hier habe! *(schimpft)* Du grausamer Vogel, du. Siehst zu, wie ich auf die Nase falle. *(zum Publikum)* Und ihr bösen Kinder auch! Schämt euch! Pfui Teufel! Alle Knochen tun mir weh! Wie, wenn Belze extra hoppelig geflogen wäre? Belzebub verschwinde!
(Besen taucht nach unten ab.)
(ungeduldig zum Vogel) Wem bringst du denn Glück, du eingebildeter Vogel, du? Dann flöte wenigstens ein Lied für mich, du Tröte. Ich höre nichts! *(wartet erfolglos auf ein Lied)* Wirst du jetzt endlich mal losträllern? Nein? Bist beleidigt, weil ich dich gefangen habe? Na warte, dir werd ich es schon zeigen! Schließlich kann ich hexen.
Ein Lied will ich jetzt hören,
das kann ich dir schwören,

zucke, zicke, Schnecken-zack,
sonst kommst du in einen Sack!

Vogel •• Quak, quak ...

Hexe •• *(verdutzt)* Oha, das war wohl nicht ganz der richtige Hexenspruch, da hab ich wohl was verdrullert, also noch einmal ... Wie war denn das noch gleich? Ähm, ja.
Stacheldraht im Kupferkessel,
ich sitze in der Nessel,
Krötenpups und Spinnenbein,
der Vogel soll verzaubert sein.

Vogel •• *(schüttelt mit dem Kopf bzw. wackelt hin und her)* Nein ... nein ... nein ...

Hexe •• Du lausiges Federvieh, meinst wohl, du kannst mich dingseln. Na warte, du wirst mir schon noch gehorchen:
Wenn du folgen tust mir nicht,
mach ich dich zum kleinen Wicht,
mit Hexenfluch und Zauberei
brech ich deinen Willen entzwei.

Vogel •• *(heult wie eine Feuerwehrsirene)* Eieieieiei ...

Hexe •• Ruhe! Dir werden die Späße schon noch vergehen, du Vogel, du! *(die Laune schwenkt um)* Das Glück, hihihi, das du mir auf jeden Fall bescheren wirst, hihihi, ja, das ist gebratener Vogel mit gezuckerten Rattenschwänzen. Oder vielleicht doch besser geschmort? Oh, das ist bestimmt ganz lecker. Feiner Schmackofatz ... Wo hab ich denn mein Hexenküchen-Kochbuch? Da stehen noch leckere Varianten mit Spinnenbeinen drinnen. Wo ist es denn?
Hexenbuch komplexe,
komm zu deiner Hexe.
(Buch taucht von unten auf.)
Aaaach, das ist wieder nur das Hexenzauberbuch, da sind doch keine Kochrezepte, sondern nur Hexenformeln drin. Wo ist denn mein Hexenküchen-Kochdings? Ich muss es in der Küche haben, wo es hin gehört. Vielleicht schmeckt er aber auch mit Wanzenohren besonders fein. *(geht ins Haus, lässt Buch liegen)*

Kasperle befreit den Vogel des Glücks

(Kasperle kommt aus seinem Versteck.)

Kasperle •• Hab ich da richtig gehört? Die Hexe Falltaufdnas will unseren Vogel des Glücks braten? *(zum Publikum)* Stimmt das, Kinder? *(Kinder antworten.)*

Kasperle •• Ach, herrje, da muss ich doch etwas tun, etwas tun! *(geht zum Vogel und gestikuliert wild herum)* Hallo Vogel, hörst du mich? Hallo! *(zum Publikum)* Seht mal, er reagiert gar nicht auf mich. Er sieht mich überhaupt nicht. Aber was und wie und was, was, was liegt denn da auf dem Boden? Oh, oh, das ist ... Was ist das? Das ist ..., das ist ja das Hexenbuch! Ja, haha, oh, da muss ich mich gleich reinlesen. Was steht denn in so einem verzauberten Buch so alles drin? Mal sehen ...: Lektion 1, Absatz 3:

„Eine Verzauberung kann immer nur vom Verzauberer entzaubert werden!" *(stutzt)* Was soll denn das heißen? Eine Verzauberung kann immer nur vom Verzauberer entzaubert werden! Aha, vielleicht muss derjenige, der gezaubert hat, auch wieder den Zauber zurückzaubern. Logisch, was sonst? Was steht denn da noch weiter unten? Jemanden wehrlos auf der Stelle schwanken lassen mit folgendem Hexenspruch:

Zicke, zacke, zecke,
schwanke auf dem Flecke,
wackel mit den Ohren,
in der Nase bohren,
Hände rauf und runter,
jetzt wird's immer bunter.

Aha, nicht schlecht. Gibt es da auch einen Hexen-Verschwindipussi-Zauberspruch? Obwohl, das wäre ungeschickt, dann könnte die Hexe unseren Vogel ja nicht mehr zurückhexen. Ja, wie wir vorher schon gelesen und gelernt haben in Lektion 1: „Eine Verzauberung kann immer nur vom Verzauberer entzaubert werden." Ja, wir brauchen die Hexe also noch. *(Hexe aus dem Off)*

Hexe •• Komm, mein Vögelchen, komm zu mir! Gleich werde ich dir die Federn rupfen! Put, put, put ... *(Vogel fliegt in das Hexenhaus.)*

Kasperle •• *(entsetzt)* Der Vogel gehorcht aufs Wort! Kaum zu fassen. Habt ihr so etwas schon einmal gesehen? Oh weh, jetzt drängt die Zeit. Ich muss die Hexe rauslocken, bevor er in der Pfanne landet.
(zum Publikum) Ruft mal alle bitte ganz laut:
Hexe, Hexe, ach du Graus,
komm aus deinem Haus heraus.
(Kinder rufen.)

Hexe •• *(aus dem Off)* Welcher Frechdachs wagt es, mich zu stören? Dich werde ich gleich in eine graue Maus verwandeln und verspeisen, ein leichtes für mich. Warte nur ...
(kommt heraus)

Kasperle •• Zicke, zacke, zecke,
schwanke auf dem Flecke,
wackel mit den Ohren,
in der Nase bohren,
Hände rauf und runter,
jetzt wird's immer bunter.
(Hexe bleibt abrupt stehen, schwankt hin und her und kann sich nicht wehren.)

Hexe •• Du Taugenichts, du! Ach, der Kasperle schon wieder, hätte ich mir ja denken können, dass du wieder störst! Hast in meinem Hexenbuch geschmökert! Was willst du von mir? Ich hab dir doch gar nichts getan!

Kasperle •• Ich habe dich beobachtet. Du hast den Vogel des Glücks gefangen, verzaubert und nun willst du ihn rupfen wie eine Weihnachtsgans. Das darfst du nicht! Du musst dem Vogel des Glücks wieder die Freiheit schenken. Weißt du denn nicht, dass man das Glück nicht festhalten kann? Nicht erzwingen? Niemand kann das! Auch du nicht! Der Vogel des Glücks verbreitet überall das Glück. Bis wir es erkennen, ist er schon wieder fort. Wird er gefangen, verliert er seine Kraft. Freue dich doch an dem Moment des Glücks und lass ihn wieder fliegen, bitte!

Hexe •• *(verärgert)* Welches Glück hat er mir denn schon gebracht? Hä? Welches denn? Ich bin wieder auf die Nase gefallen und ...

Kasperle •• *(unterbricht)* Aber freut dich sein Gesang nicht immer, wenn der Wald leise sein Lied erzählt? Und ist es nicht eine Freude, ihm so nah zu sein und sein schönes, buntes, glänzendes Gefieder zu bestaunen? Das ist doch schon eine ganze Menge Glück, oder meinst du nicht?

Hexe •• *(kleinlaut)* Och, na ja ... Wenn ich ganz genau überlege, *(flüstert und nuschelt)* ... Ja, ja, er singt schön und ...

Kasperle •• *(unterbricht verärgert)* Was war das gerade? Hab ich was auf den Ohren? Ich höre nichts!

Hexe •• *(nuschelt)* Ja, er singt schön.

Kasperle •• Ich verstehe dich nicht richtig, du musst schon etwas deutlicher sprechen.

Hexe •• Äh, hmm. Ja, ja, du hast ja recht. Aber befreie mich endlich von dieser Schwankerei, mir ist schon ganz schlecht.

Kasperle •• Ähm, ja, aber du musst versprechen, dem Vogel des Glücks die Freiheit zu schenken.

Hexe •• *(ungehalten)* Schwefelrauch und Feuersglut! Ja, ich verspreche es. Aber befreie mich endlich von diesem Geschunkel da.

Kasperle •• Ja, natürlich ... Ähm ... Ich muss nur noch schnell nachlesen, wie das geht ... Warte mal! Wo ist denn das Buch? *(sieht suchend in das Buch hinein)* Ah, hier, hmmm. Ah, jetzt, ja da:
Sechs, fünf, vier,
bleib stehen wie ein Stier.
(Hexe bleibt ruhig stehen, schnauft.)

Hexe •• *(erleichtert)* Na endlich, mir ist schon ganz schwindelig! Das ist ja schlimmer als Achterbahn fahren!
(fällt um)

Kasperle •• Dein Versprechen ... *(stupst sie an)*

Hexe •• *(hebt kurz den Kopf und legt sich gleich wieder hin)* Was?

Kasperle •• Du musst noch dein Versprechen einlösen und den Vogel freilassen. *(stupst etwas nachhaltiger)*

Hexe •• *(hebt wieder kurz den Kopf und legt sich hin)* Muss das denn unbedingt sein, ich bin fix und alle.

Kasperle •• Ja, das muss sein! Versprochen ist versprochen.

Hexe •• Ja, ja, ich geh ja schon. *(steht auf)* Hat der Lümmel mich schon wieder drangekriegt, Sapperlott! So eine Gemeinheit ...
(geht in das Hexenhaus, aus dem Off)
Vogel, Vogel, flieg hinaus,
dieser Zauber ist jetzt aus.
Bist jetzt frei wie eine Maus.
Rimmel, demmel, dummel, dann,
bist nicht mehr in meinem Bann.
(Vogel auf dem Hexenhaus einhaken, Flöten-Musik ertönt wieder, Hexe kommt.)

Hexe •• *(zu sich selbst)* Und er hätte bestimmt ganz lecker geschmeckt! Muss dieser Kasperle immer dazwischenfunken? *(schimpfend zum Vogel)* Was sitzt du hier oben so dumm rum, hä? Du bist jetzt frei, Vogel. Sollst dich nicht dort hinsetzen. Gscht, weg mit dir! *(will den Vogel wegscheuchen)* Der will nicht. Na, dann halt nicht. Ich sammle jetzt weiter Kräuter, für die Lebkuchen. Die schmecken wenigstens auch ohne diesen komischen Vogel. Nämlich mit der rechten Kräutermischung. *(zum Kasperle)* Was lungerst du auch noch da rum? Verschwinde wenigstens du, du frecher Kasperle! Weg von meinem Hexenhaus! Hier gibt's nichts mehr zu sehen. Weg da! *(winkt ab)* Ach, jetzt ist es sowieso schon wurscht. Was soll's? Belzebub ...
Komm herbei mein flinker Besen,
in der Luft geschwind gewesen.
(Besen taucht von unten auf, Hexe setzt sich darauf, fliegt und landet sanft.)

Hexe •• *(hocherfreut)* Oh, habt ihr das gesehen? Habt ihr alle das gesehen? Mein Belzebub, wie der geflogen ist *(stottert)* Ich, ... mein Belzebub ... mir ist endlich der rechte Hexenspruch eingefallen! Welch ein Glück, welch ein Glück! Da sause ich gleich einmal um den Zauberwald herum. Das erzähle ich allen gleich! Welch ein Glück!! *(fliegt elegant ab)* Welch ein Glück, ... mein Belzebub ...

Kasperle •• *(sieht der Hexe nach)* Da zischt sie ab, die Hexe Falltaufdnas. Und wie elegant! *(zum Vogel)* Na, du wunderschöner Vogel, hattest

Erbarmen mit der Hexe? Das ist schön. Das freut mich. Sie ist jetzt ziemlich glücklich, wenn man das so sagen kann. Auch eine schlimme Hexe kann sich freuen!

(Vogel fliegt weg.)

Kasperle •• *(ganz ruhig und nachdenklich)* Oh, Vogel, du fliegst davon. Schade! Ich, ich hatte ja auch Glück! Das Hexenbuch lag genau da, wo ich es gefunden hatte. Wäre ich nicht darüber gestolpert, hätte ich die Hexe nicht überlisten können. Was für ein Glück! So hat jeder ein bisschen davon erwischt. Ah, hier liegt noch eine Feder von unserem Gesellen. *(hebt Feder auf, die von unten gereicht wird)* Wie leicht sie ist ... und wie schön. *(zum Publikum)* Vielleicht findet ihr auch einmal eine besonders schöne Feder oder hört ein besonders schönes Gezwitscher. Dann, ja dann ist unser Vogel des Glücks vielleicht gerade vorbeigeflogen. Und dann entdeckst du oder du oder du *(zeigt ins Publikum)* vielleicht dein ganz heimliches kleines Glück und freust dich daran.

(geht ab, Vorhang wird geschlossen.)

Weißt du, wer gemeint ist?

In diesem Abschnitt werden die unterschiedlichsten Berufe in Vierzeilern umschrieben. Die Verse verschlüsseln die Tätigkeiten aber nicht so stark, dass nicht auch kleinere Kinder dahinter kommen, welche Berufe gemeint sind.

Er lässt schon um halb drei sich wecken
und rührt den Teig an früh am Morgen,
macht lecker Brot und Streuselschnecken
und muss für frische Brötchen sorgen.[52]

Sie weiß sehr viel und gibt ihr Wissen weiter,
sie nimmt die Schüler streng in ihre Pflicht.
Sie leitet an und ist mal ernst, mal heiter.
Das was sie macht, das nennt man Unterricht.[53]

Ein Mann, der wie kein Zweiter rennt,
muss schwere Schutzausrüstung tragen,
löscht Feuer, wenn es einmal brennt,
fährt auf dem großen, roten Wagen.[54]